CORONOMICS

After the corona shock – a fresh start from the crisis

後疫情時代的新經濟

全面解讀新冠病毒衝擊下的全球經濟脈動與因應策略

《二十一世紀債務論》作者、前波士頓諮詢公司企業顧問

丹尼爾·施德特 Daniel Stelter

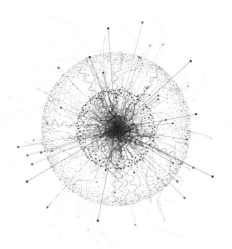

陳雅馨、葉咨佑————譯

推薦序
新冠經濟學：
見證貨幣政策的極限，預言國家債務之終局

　　「回不去了！」活躍在歐洲商業諮詢顧問領域的德國經濟學博士施德特（Daniel Stelter），藉由此書想要傳達這個清楚訊息。透過「新冠經濟學」（Coronomics）的新詞彙，他主張全球經濟邏輯，已經因為 COVID-19 而徹底改變。

　　這無非是個非常大膽的預言，但並非缺乏根據。其論證核心，是各國政府為紓困而撒下的資金，無論是速度抑或是數量，均為前所未見。然而重點在於，這是一項積習已久的作為。施德特指出，從 1987 年著名的「黑色星期一」股市崩跌以來至今，西方各國一直習慣仰賴中央銀行透過公開市場操作，以大量買入有價證券的方式，一方面防止企業與銀行大規模倒閉，同時將貨幣強力輸送到銀行體系，壓低資金利率，刺激銀行貸款給民間部門的動力與意願，以減緩對金融危機對實體經濟的衝擊力量。這項模式的最大問題，在於央行每次的救市行動，都是讓貨幣變得更為廉價，而危機過後，卻總是放棄將利率調高到原來水準，以致長期利率趨勢持續下探。全球經濟在接連遭遇 2008 年金融海嘯以及 2010 年歐債危機之後，到了 2019 年底（在 COVID-19 發威之前），歐洲幾個主要國家如德國、法國，已經進入負利率狀態。「過去 5,000 年來，名目利率從未處於如此低檔」，施德特如是驚嘆。

這令我想起最近曾在某一嚴肅場合，親耳聽聞國內一位銀行學教授與央行高層官員的對話。大意是說，教科書學理被徹底顛覆了，今後在課堂上教學生不知從何教起。

某種層面上，這些晚近發展標誌了貨幣學派的徹底勝利，但同時也為貨幣學派寫下墓誌銘。此話怎說？西方經濟學界從 1970 年代起所進行的典範移轉，凱因斯主義逐漸退潮，主張政府職能應侷限在控制貨幣數量的貨幣學派開始主導經濟政策思維，並且催生出更廣泛的新自由主義，成為經濟全球化的官方意識形態。在經濟治理的實務上，中央銀行操控貨幣數量的方法，變成優先於能夠創造實質有效需求的財政政策，為什麼？除了 70 年代「滯脹」現象的歸因之外，一方面，央行具有獨立超然的形象，擁有超越政黨政治的公信力。另一方面，貨幣手段被認為比較「中性」，不會干預實體市場運作。當然，這些立論存在不少迷思成分，但確實為央行行動提供了相對暢行無阻的正當性。

在台灣，這些論述的倒影處處可見。比如 2016 年政黨輪替後隔年，新政府提出規模八年八千億的前瞻基礎建設計畫。

當時的批判與疑慮的聲音之一，就是懷疑政府是否意圖為兩年後地方選舉進行買樁布局。另外一種杯葛則著眼於舉債的程序正義問題。對比之下，央行的匯率、利率政策，鮮少受到批評、監督與制約，具有行政成本低、施政效率高的絕大優勢。

然而，雙率對經濟活動所能產生的影響範圍與深度，可能遠遠超過財政手段，本書的宏旨亦即在此。作者施德特認為，壓低利率的救市政策雖然意圖刺激消費投資，但主要效果卻變成鼓勵信用投機與槓桿操作，例如「只要股息收益率高於銀行利率，承擔更多債務就會帶來回報」。因此相較於不受銀行青睞的一般大眾，有能力借到錢的一方，具有壓倒性優勢，而且其投機行為，受到相當程度的保障，因為只要一發生系統性危機，政府／央行就會出手相救。

本書因而推論，央行長期的「不對稱金融操作」，已經衍生出「不對稱的財富分配效果」，以此來解釋全球化時代各國內部貧富不均惡化的現象。央行不斷購債與壓低利率的結果，導致絕大部分資金流向房地產與股票市場，大大膨脹資產價格，形塑兩種類型的大贏家：擁有龐大資產者，以及積極槓桿操作的投機者。另一個更大問題是，資產價格上漲與金融投機操作，無助於提升生產力（後者需要的至少是對科技研發與人力教育的長期投資），這會使得希冀藉由經濟成長來削減國家龐大債務的選項落空。同時，當銀行放款高度集中於房地產貸款時，伴隨而來的是利率調整的僵固性，因為提高利率會引發拋售潮，造成銀行債信問題。

　　除貨幣面之外，COVID-19 上場前的背幕還有全球政經板塊的激烈碰撞，也就是近年美國與中國之間的霸權之爭，雙方由貿易戰延燒到科技戰，首當其衝的台灣自是不陌生。美國政府除要求其他民主國家表態支持，更逼迫供應鏈廠商將生產基地移出中國。在這個「去全球化」的新變局下，還潛藏著其他不利的社會心理因素。多數國家面臨人口結構變遷（高齡化、少子化）；新科技，例如日益普遍的機器人，帶來大量人類工作可能被快速取代的陰影。這些趨勢結構，讓社會消費支出行為趨向保守。

　　在宛如四面楚歌的情境下，COVID-19 躍上人類舞台。由於有效防疫需要大規模的封鎖與隔離，讓多數經濟活動被迫暫停，使得股市崩跌的速度，超越過去所有重大危機。然而政府的主要紓困手段，還是侷限在「直升機撒錢」法，各國政府債務如雪球般越滾越大。對作者施德特身處的歐盟／歐元區來說，龐大紓困金的籌措與還債分擔，嚴重考驗了歐盟內部能否持續團結合作。或許最諷刺的，不是各國為防疫而自顧不暇的舉措戳穿了歐洲整合的幻覺。而是，歐盟各國間的制度文化與科技經濟實力尚存在偌大差異，這些差異使得歐元本質上為一過度激進的經濟整合型態，前途注定坎坷。如果當初倡議歐元的主要目的，是為了抗衡美國，那麼如施德特所指出：「歐元今天在全世界貨幣儲備中所占的份額，僅與德國馬克廢除前所占的份額相當。」顯然目標未能達成，然而所有將貨幣主權讓渡給歐元的國家，都喪失了調節國內經濟的重要工具。

其實「負面性經濟整合」不止存在歐盟內部，經濟全球化的迷思已在世界各地造成社會裂痕與地球生態危機。COVID-19 的登場，為我們帶來省思與修補的契機。「經濟危機死不了人」，但是防疫如戰爭，考驗各國維繫國民生命的各種後勤準備，尤其是醫療資源設施與糧食安全，無疑地會加速貿易保護主義的興起。最終，各國政府不斷膨脹而又無力償還的債務，會如何收場？從貨幣政策擺盪到財政政策，尤其是為因應地球暖化而訴求「綠色新政」，能否是希望之所繫？本書帶領我們共同思考與探索。

吳啓禎

經民連智庫經濟組召集人

導讀

這次疫情的衝擊真的不一樣，世界也將變得不一樣

　　繼《二十一世紀的債務論》一書後，施德特教授針對今（2020）年一月新冠肺炎（COVID-19）的衝擊，出版了《後疫情時代的新經濟》這本專書。自疫情爆發以來，其影響蔓延至全世界，造成嚴重的生命損失及社會經濟生活的大變化，許多生產與消費活動幾乎完全停滯，各國先後採行嚴厲的旅行禁令、鎖國、學校停課、封城、居家隔離或保持社會距離等管制措施，各國政府也被迫提出各項緊急鉅額規模的紓困政策。據今年6月國際貨幣基金會（IMF）預測，2020年全球實質國內生產總值（GDP）將降低4.9%，另5月亞洲銀行預測將減少5.8至8.8兆美元，占全球GDP的6.4～9.7%，可見衝擊相當嚴重。

　　這一次的衝擊經驗真不一樣，世界將變得不一樣，通膨可能會回來。施德特教授語重心長地對國家、企業與個人提出忠告：為了歐洲，同時也為了台灣經濟，我們應該及早防止未來可能出現的更大破壞。

　　本書最大的特色是由國際政治經濟的觀點，除了分析從今年1月新冠肺炎爆發後，全球將陷入各國央行主導的大規模債務貨幣化，但全球經濟同時也會邁入一個新境界，同時，作者也針對疫情對企業造成的劇烈衝擊，對企業經理人提供了15項經營策略的建議。本書探究的對象，雖以歐洲（歐盟及歐元區）的經濟為主體，旁徵博引豐碩的相關經濟數據、經濟事件及政治經濟學理，但也一併對比美國、日本及中國大陸等的經濟現象和經濟政策措施。全書篇幅雖精簡，涵蓋的範圍卻廣及政治、經濟等各個層面。

　　歐盟和歐元區雖然經歷數十年的經濟整合，但因各國經濟實力懸殊，如德國的生產值幾乎占歐元區的1/3弱。而歐元區經濟迄今也發生多次的危機，2009年國際金融危機發生後，歐元區經濟復甦力量變得相當孱弱，一直沒有恢復到危機前的水準。長期來看，許多歐元區國家生產力相對不高，且公共債務占國內生產毛額比卻相當高（財政公約規定公共債務占比上限為60%）。2019年公共債務占比最高的希臘（193%）、義大利（147%）、葡萄牙（138%），雖較日本（239%）低，但跟美國（136%）、英國（117%）、德國（70%）相比仍太高，最低的是愛沙尼亞（約15%）。歐元區（19國）只有貨幣整合，發行單一貨幣，缺乏財政整合，因此發生經濟危機時，政府負債已高，無法再擴大政府支出，大抵只能藉歐洲央行的貨幣寬鬆政策（購買會員國政府債券）挹注，捉襟見肘，肺炎病毒更打擊了原本脆弱的歐洲經濟。

新冠肺炎對全球經濟的外生衝擊，是來自體系外且是全面性的打擊。對於需求面及供給面同時產生重大的衝擊。需求面受到國際貿易保護主義盛行，新冠病毒的病菌突變種多，國際間的產銷鏈中斷，高密度的全球化被病毒打回各國幾乎自給自足的生活。在供給方面，因鎖國封城導致產業結構劇烈變化，外銷市場消失，打擊層面遍及大中小企業。境內須保持社交距離，餐旅服務業及賣場服務通路消失，零售經濟（gig economy）的配銷大幅發展，旅遊業及航空公司等商業活動則幾乎全面中止，嚴重打擊受雇員工的就業機會和背後的家計支持，唯有通訊產品等相關產業蓬勃發展。

肺炎疫情趨動資本停止流向新興市場，且因許多製造業生產停頓，對能源（特別是石油）的需求陡降，全球石油儲藏量嚴重過剩，今年 4 月 20 日的 5 月原油期貨甚至曾自每桶 18 美元跌到變成負 40 美元。另外也出現了疫情未使金融面崩跌的特殊現象。為挽救肺炎的衝擊，美國聯準會的貨幣政策不得不逾越紅線，加上多年來各國央行採行貨幣寬鬆政策所累積的鉅額游資未能去化，導致熱錢到處流竄，成為支撐股市居高未急墜的主要力量。

歐盟於 7 月 21 日在妥協下通過規模 7,500 億歐元的紓困方案，包含對會員國 3,900 億元的現金援助（依計畫執行無須償還），用以支應 NGEU 計畫（Next Generation EU），協助會員國因應疫情對經濟的衝擊。這是首次以歐盟的名義聯合舉債，使得歐股、歐元匯率大漲。該計畫的執行架構以歐洲綠能、科技及經濟穩健的投資計畫為 3 大支柱。德國梅克爾總理極力反對發行「歐洲聯合債券」，因為負債高的國家主權信用評等低，借貸的利率成本較高，對於義大利、希臘等等有利，但對德國、荷蘭、奧國等財政穩健的會員國則相對不利，這也是近年來有提出歐元區成立公債聯盟（Bond Union），但一直受到相當多質疑的原因。

鑒於新冠肺炎深切衝擊到生產、交易及分配型態，各國政府的紓困措施較以往不同且更廣泛，甚至永久改變了競爭規則，企業要適應新規則才能成為贏家。作者對企業經理人提出 15 項經營策略的忠告，可以進一步將其整理分成 3 大類的策略，分別是：

一、總體經濟觀察類

（1）複雜情境的評估：因應地緣政治，未來經濟情勢將呈現 U 型（可能下半階段復甦）、W 型（疫情再爆，限制措施再起）或 L 型（需求持續低迷）走向的銷售與成本結構規畫。

（2）為去全球化做準備：生產結構再區域化。

（3）一個新世界：疫情的改變相當徹底，更改現有規則的速度持續加速。

二、市場行為類

（4）迅速如常：流動性充裕，反應迅捷才能生存。

（5）競爭力評估：**標竿學習、公司的定位、釐清內部需要。**

（6）重拾獨立地位：善用政府加入的機會及資源，藉創新及調整商業模式以獲得競爭優勢。

（7）銷售是王道：**激勵即時購買，**行銷方案與顧客分析並進。

（8）維持可靠夥伴的身分：與商業夥伴合作，投資企業的社會信譽。

（9）展開攻勢：大規模數位化及自動化，商業機會和模式已截然不同，須強化創新實力，調整銷售策略，提升競爭力。

三、生產與成本類

（10）核心策略是韌性：管理財務槓桿及營業槓桿（成本調整彈性），推升產地遷移。

（11）控制成本：集中核心職能並減少廠房規模，與供應商談判，檢視投資預算。

（12）貸款及政府參與會改變遊戲規則：線上零售業興起，政府參與可能扭曲市場，須強化反獨占及專利保護能力。

（13）利用經濟方案：政府投入短期資金支撐消費，善用政府資助基礎建設、數位化及對抗氣候變遷措施以進行投資。

（14）留住並訓練員工：在肺炎危機中克服公司內部的阻力，防止生產力下降。

（15）通膨回歸：政府大規模紓困支出、對抗氣候變遷，及反全球化，加上歷史上（黑死病、1918 年西班牙流感）疫情大流行後人口減少，發生工資大幅上升現象，將使成本提高，須調整強化價格管理的分析能力，可採行租賃模式。

台灣是個開放經濟體，這次肺炎打擊許多對外商業交易活動，航空、旅遊、餐飲業受創最深，引發製造業的結構變化。經濟部公布，今年 1 至 7 月份的工業生產指數較去年同期增加 6.03%，其中製造業生產增加 6.43%。有賴於半導業、新興科技應用擴增及遠距商機，另 5G、物聯網及高效能運算晶體等的需求也大幅增加。今年 7 月的失業率 3.96%，較 5 月 4.16% 低，較 1 月 3.71% 上升。

迄至今年 8 月底，政府陸續提出因應新冠肺炎的共通性及各產業的振興措施，包含三大類：融資協助、就業協助及稅務協助。今年 2 月 25 日公布《嚴重特殊傳染性肺炎防治及紓困振興特別條例》（簡稱特別條例），依法編列預算第一次 600 億元，其後因全球疫情加劇，4 月 21 修正特別條例，將特別預算再擴充 1,500 億元，希能照顧家庭、弱勢者及企業等。7 月 23 日提出第二次追加預算，編列 2,100 億元，用於後續防治、紓困振興經費，辦理員工薪資與營運資金補貼、疫苗研發採購等，持續協助艱困產業。此外發放每人（須以 1,000 元購買）3,000 元消費券以刺激消費。

融資協助方面，經濟部與中央銀行分別提供大中小企業優利專案貸款，補貼利息，提供勞工紓困貸款。就業協助方面，協助減班休息及失業勞工，發給基本工資，協助高風險製造業購置機械安全裝置及改善製程設備等。稅務協助方面，實施降稅、免稅等，延長所得稅申報期間並提前退稅。另針對重點產業輔助內需型產業（包含藝文活動）、製造業（技術升級及融資協助）、交通運輸旅遊補助及券、農業優惠貸款等措施。

各級政府的債務上限受到公共債務法第 5 條規定的限制，所舉借之一年以上公共債務未償餘額預算數，占前三年度名目 GDP 平均數比率不得超過 50%，今年 7 月實際總債務 6.15 兆元台幣（占 33.46%）；中央政府不得超過 40.6%，實際債務 5.41 兆元台幣（占 29.4%）；地方政府 7,475 億元台幣（占 4.06%）。另，未滿 1 年公共債務未償餘額，占總預算及特別預算歲出總額比率，中央及各地方政府分別不得超過 15% 及 30%，7 月分別為 5.19% 及 9.92%。迄今尚符合公共債務法的規定，但仍須繼續將政府的各期前瞻預算、國防採購特別預算等納入，以完整觀察政府的預算和舉債規模。

新冠肺炎爆發改變了競爭規則，從生產、交易到分配，型態將與以往不同。本書雖主要探究歐盟及歐元區經濟該如何準備因應後疫情時期，並特別提議德國經濟須加強創新研發，以提高生產力，此外也對企業經理人提出 15 項經營策略的忠告，綜合這些，都值得讓我國各界借鏡。

台大經濟學系兼任副教授

李顯峰

目 錄
CONTENTS

第 7 章／誰該付帳？

第 8 章／財政的終局階段

第 9 章／新冠經濟學

第 10 章／企業如何生存與勝出？

第 11 章／新冠病毒是變革的催化劑

前言

　　新型冠狀病毒（COVID-19）正牢牢支配著歐洲和世界的經濟。這場疫情的發展可以說非常戲劇化。當你手上正捧讀著這本書時，嚴重的特殊傳染性肺炎所造成的健康和經濟危機已發展出新的面向。但願到那時我們已經抵達了感染高峰，而專家們已經找出了醫學上的對策，或至少已經快要找到了。即使世界經濟復甦迅速、再過幾個月我們的經濟就能回到危機前的榮景，但這場大流行病仍將長期困擾著我們。病毒的衝擊帶來了嚴重的經濟後果，並將持續一段時間。最重要的是，這些經濟後果將預示一個經濟政策新時代的到來，我稱它為「新冠經濟（Coronomics）」，這個英文詞是由「冠狀（Corona）」和「經濟（economics）」這兩個字組合而成。

　　這個新的經濟政策將形塑未來 10 年的趨勢，並令整個世界改頭換面：通貨膨脹可能會回來、國家將展現出遠比近幾年更為積極的態度。在這同時，政治上的改變也已在醞釀當中。即便不存在這個病毒，事態也很清楚：世界經濟正逐漸出現嚴重問題。病毒只是增加和加速了這些問題而已。現在，所有的弱點就像在放大鏡下一樣清楚地呈現在我們眼前。許多讀者會感到震驚,他們會驚呼他們根本不可能接受或支持某些措施。
我反對這個看法。我所描述的一切都將不可避免地發生,國
家、企業和個人都應有所準備。只有做好準備,我們才能防止
更大的破壞——這是為了台灣和台灣經濟,最終也是為了歐
洲。無論我們喜不喜歡,新冠經濟都將到來。

2020 年 4 月,寫於德國柏林

第 1 章

新冠病毒打擊了
原本疲軟的經濟

783.134
458.274
.120
459.192
76.4

- 疫情前，經濟未恢復到金融危機前應有的成長
- 全球生產力的持續下滑
- 激進的貨幣政策
- 債務、債務、債務！
- 資產價格的顯著上漲
- 所得不均現象的加劇
- 黯淡的前景

　　2019 年是個豐收年，至少金融市場是如此。根據德意志銀行（Deutsche Bank）的資料，當時的投資人根本沒有虧損的可能。無論是在工業化國家，還是發展中國家，股票、公司債、政府債都呈現走高的情形。同樣地，油價和金價也都上漲。然而，即使經濟有所成長，但幅度仍不足以提高利率。這為資本市場創造了理想的環境，資本市場行情持續攀升至新高。整個世界都因戰後史上持續最長的經濟上揚，以及金融和歐元危機的結束而歡欣鼓舞。

　　乍看之下，未來似乎一片光明，然而，這種樂觀心態事實上具有欺騙性質。因為這樣的經濟和金融市場狀況根本談不上健康。不斷出現的警訊向政治人物和央行表明：世界經濟並不像他們想相信的那樣強勁。無數的觀察家對資本市場新出現的「過度活躍」情形發出警告，並預期市場將會進行修正，只是他們不知道引發下一場經濟衰退的會是什麼東西。

疫情前，經濟未恢復到金融危機前應有的成長

　　新冠危機爆發前的全球經濟情勢值得我們思考，它可以讓我們更易於了解：為何新冠病毒對全球經濟產生如此毀滅性的影響？想要擺脫這場危機需要採取什麼措施？以及最重要的，在克服新冠病毒危機之後，我們必須做出什麼改變，才能讓我們的經濟體系更為強健和永續發展？

首先我們必須承認，僅管我們經歷了 2009 年金融危機高峰以來的經濟復甦，但與以往的復甦相比，該次危機後的復甦令人失望。各國經濟成長率明顯低於 2008 年危機前的水準。為了用量化的方式來表達這點，經濟學家將所謂的「趨勢成長（trend-growth）」（也就是一切都按金融危機前的情形持續下去時的經濟成長）和實際的經濟成長加以比較，其間的差距會顯示出金融危機及其後果所造成的財富損失，[1] 而該場危機確實造成了巨大的損失。

例如美國損失了約 4 兆美元，約占其 2019 年國內生產毛額（gross domestic product，GDP）的 20%，這損失程度十分不尋常。依據過去的歷史紀錄，美國總是會在經濟衰退後有全面復甦的景象，包括 2000 年的網際網路泡沫也是如此。

歐元區的情形就更糟了。所謂的「產出缺口（output gap）」估計達到了 3.5 兆歐元，與美國相比，這個數字相對上是更高的。此外，人們也不得不做出結論：除了 2006 年 7 月出現的短暫例外之外，歐元區自 2000 年以來經濟就一直走下坡了。

德國是公認的歐元區強國，2019 年就占了整個貨幣聯盟 29% 的 GDP 份額，但即便是德國也僅僅是達成溫和的成長。2019 年底，德國的 GDP 其實仍然低於 2009 年危機前趨勢持

1　相對於趨勢成長的經濟成長差距之計算方式，參見荷蘭合作銀行（Rabobank），連結：https://www.zerohedge.com/markets/decade-what-exactly

續下去時的應有水準，總計低了約 7,000 億歐元。儘管德國是從低利率、歐元匯率疲弱及中國投資熱潮中受益最多的國家，而且疲弱的歐元匯率支撐著經濟成長，下滑的情況也是一樣。據《經濟學人》（*The Economist*）的報導，2020 年 1 月歐元幣值相較於美元被低估了 19%，瑞士法郎（如果德國馬克仍然存在，瑞士法郎也許是它的最佳替代貨幣）與美元相比，則被高估了 18%，[2] 這顯示德國出口工業所獲得的巨大成長應該要歸功於歐元。

儘管如此，我們仍能清楚看見更糟的時期即將到來的跡象：從 2016 年以來，德國工業生產占 GDP 的比例已從 23% 降到了 21.5%，這是自金融危機以來的最低水準。德國汽車工業縮減了在本國的產能，並增加在歐洲和世界其他國家的產能。這反映的是德國的相對競爭力大幅滑落，德國擁有歐洲最高的電價尤其是主因，而這是德國在思慮不周的情況下放棄核電轉而專注在受到大量補貼的可再生能源所造成的結果。《法蘭克福匯報》（*The Frankfurter Allgemeine Zeitung*）曾談到德國祕密進行的「去工業化（de-industrialization）」的事。[3] 去工業化，再加上朝電動車技術轉型所帶來的生存威脅，意味著德國經濟似乎仍將繼續失去活力。由於德國又是歐元區最重要的

2　The Economist, "The Big Mac index", 15 January 2020. 連結：https://www.economist. com/news/2020/01/15/the-big-mac-index

3　F.A.Z. NET, "Schleichende De-Industrialisierung", 7. Februar 2020. 連結：https://www.faz. net/aktuell/wirtschaft/wie-in-deutschland-die-deindustrialisierung-voranschreitet- 16620945. html

經濟支柱，因此德國經濟活力喪失，也勢必進一步削弱整個歐元區。[4]

　　義大利和希臘則度過了令人沮喪的 10 年。經歷了從 2000到 2009 年的遲緩成長後，直到 2019 年年底，義大利才從金融和歐元危機的打擊中恢復過來。但義大利的 GDP 仍停留在 2002 年的水準──等於將近 20 年都沒出現實質的經濟成長。義大利 1.6 兆歐元的實質 GDP，與原本的預期趨勢成長相比少了 1 兆歐元的數額。而希臘更是最極端的例子，希臘損失了 1,500 億歐元的 GDP，約占其目前 1,950 億歐元 GDP 的 70%。2008 年時，希臘的 GDP 比現在遠遠高出了 520 億歐元。

　　歐元區似乎正在重蹈日本的覆轍，也就是低經濟成長和通貨緊縮。儘管政府和央行做了各種努力，日本始終未能走出過去數十年的經濟停滯。自從 1980 年代末期的投機泡沫破裂以來，日本就一直努力應對泡沫破裂的後果，並深陷於低成長與低通膨之中。勞動力的減少更加劇了此一情勢的發展。

　　這種局面對歐洲並不是個好兆頭，尤其是歐洲與日本之間的相似處越來越明顯：低成長、勞動力下降、低通貨膨脹率。有些經濟學家將這些狀況描述為「長期停滯（secular stagnation）」，有些人則稱之為「冰河期」。[5]

4　詳見 Daniel Stelter, "Das Märchen vom reichen Land", (Munich, 2018).

5　「冰河期」一詞是由法國興業銀行（Société Générale）策略分析師亞伯特・愛德華茲（Albert Edwards）於上世紀 90 年代所創，預期歐洲將經歷與日本自 90 年代以來的經驗類似的低成長與低通膨階段。

　　當然，沒人能有把握地說，如果沒發生金融和歐元危機，狀況就會像過去一樣維持下去，我們充其量只能從相關模型的計算來推斷。例如勞動力和經濟的成長可能比預期的多，或者少。然而毋庸置疑的是，全球，尤其是歐元區的經濟成長，過去 10 年的表現都令人失望。

　　中國是世界經濟成長的引擎。2008 年中國占全球 GDP 的份額約為 8%；10 年過去，這數字已變成 18%。近年來，中國更是貢獻超過 50% 的全球經濟成長，這意味中國扮演著克服危機的決定性角色。然而就在去年，越來越多的跡象顯示中國的經濟成長率也在下降中。下降的原因很大部分是因為中國過去 10 年巨大的經濟成長是以更多的債務所換來的。2008 年，中國企業、私部門和政府的債務仍低於 GDP 的 150%，但在 2019 年時，這數字已經到了 280%。中國政府宣布，在意識到債務所帶來的問題後，他們有心要減少經濟上對債務的依賴。

　　總之，至 2019 年底時，全球經濟正面臨放緩的局面。

全球生產力的持續下滑

　　全球經濟成長下滑的一個重要原因是生產率成長持續走低的長期趨勢。從 2010 到 2019 年，[6] 所謂的「總要素生產力（Total

---

6　FINANCIAL TIMES: "The post-recession slowdown is structural", 10 December 2014. 連結：http://blogs.ft.com/andrew-smithers/2014/12/the-post-recession-slowdown-is-structural/

Factor Productivity，TFP，總體經濟產出與投入之比）只成長了 0.7 個百分點。生產力成長不足，不只為工業化國家帶來麻煩，對新興國家而言也是個問題。根據美國智庫「經濟諮商理事會（The Conference Board）」的資料，由於 TFP 在中東和拉丁美洲也同樣呈現下滑的狀況，因此我們所面對的是一個全球的經濟現象。

人口結構的變化，尤其是勞動人口成長停滯甚至減少，以及生產力的下降，這些因素解釋了美國、英國、德國、法國和日本自 2007 年以來約 80% 的經濟成長下滑狀況。[7] 以德國為例：1970 年代德國每小時生產力的平均年成長率為近 4%，但 2011 年以來的 8 年中，這個數字只剩 0.9%。近年來其生產力更進一步下滑到接近 0%。[8] 根據研究，德國受雇者的經濟產出多年來始終停滯不前，甚至低於金融危機前的水準。這不只對德國，也對整個歐元區的經濟穩定產生了影響。

生產力的重要性再怎麼強調也不為過。任何經濟體的繁榮都需要提高生產力，如果生產力沒提高就會出現分配衝突、社會挫折及政治緊張的狀況。最重要的是，社會將無力去解決諸如如何對抗氣候變遷，或福利國家財源應從何而來的急迫問題。

7　DIW Wochenbericht Nr. 33 / 2019, S. 577.　連　結：https://www.diw.de/sixcms/detail.php?id=diw_01.c.672502.de

8　IAB-DISCUSSION PAPER: "GDP-Employment Decoupling and the Slow-down of Productivity Growth in Germany", December 2019.　連　結：http://doku.iab.de/discussionpapers/2019/dp1219.pdf

激進的貨幣政策

　　金融危機以來的這 10 年裡出現了一些問題，我們從貨幣
政策的發展就能看出這令人憂心的跡象。在西方世界，央行的
資產負債表已從 2009 年的 4 兆美元，爆炸性成長到超過 16 兆
美元。此外，利率更是顯著下降。到了 2019 年底，世界各地
的利率幾乎都低於 10 年前的利率水準。同時，由於各國央行
一再被迫進一步降息並持續擴張其資產負債表，提高利率的嘗
試最終均已失敗收場。以 10 年期政府債券為基準，整個西方
世界都出現了類似情形。金融危機後，利率本已立即降到最低
水準，儘管如此，利率還是傾向更低。到了 2019 年，幾乎世
界各地的利率都已處在史上最低的水準了。即便這是貨幣政策
造成的結果，但這現象也表明資本市場對未來的更高成長不抱
信心。歐元區的看法尤其悲觀。2009 年時，德國和法國國債
的利率分別還有 3.37% 和 3.41%，但到了 2019 年底兩者都已
是負利率，收益率比日本債券還要低。過去 5,000 年來，名目
利率從未處於如此低檔，這現象實在令人震驚。[9]

　　就官方立場而言，各國央行關心的是避免通貨緊縮的危險
以及推高通貨膨脹率，但兩件事都失敗了。儘管推出巨額的貨

9　　Sidney Homer, Richard Sylla, "A History of Interest Rates", (Hoboken, 2005)

幣刺激措施，但經濟未能恢復動能。我們可以將經濟想像成一架滿載的飛機，儘管引擎推進力已經開到最大，卻仍然無法向上爬升。即使是最小的阻礙也會造成飛行高度的下降，並且情況很快就會變得十分危險。

債務、債務、債務！

「世界經濟」這架飛機載滿了債務。自從 1980 年代中期以來，西方世界的債務成長速度就明顯快於經濟成長速度。這肇因於政客為了掩飾收入停滯的後果而鼓勵家庭承擔更高債務。接著，穩定下降的利率很快就導致了債務上升的總體趨勢。各國央行更為此一發展火上加油。從 1987 年的股市崩跌，到 2009 年的金融危機，各國央行對每一次金融市場的動盪及每一次實體經濟衰退的回應，都是讓貨幣變得更為廉價，但每次出手干預後卻並未再次調高利率。根據國際清算銀行（Bank for International Settlements，BIS）的描述，這種「不對稱回應」雖讓既存的債務更具有持續性，但也造成更多的債務與風險。這也讓債務人越來越相信自己能夠全身而退。

2009 年，此一政策看似已窮途末路，不可避免的危機即將來臨。由於越來越多的債務人不確定自己是否還能償還債務，市場終於崩潰。央行與各國政府必須重複採取大規模的干預措施，才能避免一場金融體系的全面崩潰及新的大蕭條時代來臨。

　　各國央行自 2009 年以來所採取的各種措施，像是買入數以兆計的證券、將利率降到接近 0，甚至負利率（正如日本和歐元區的情形），都只不過是在延續之前的非對稱金融政策而已。於是，干預措施產生的副作用，實際上和增加債務並承擔更高風險的副作用是一樣的。根據國際金融協會（Institute of International Finance，IIF）的數據，2019 年第 3 季時，全球債務已躍升至 253 兆美元，達到全球 GDP 的 322% 的歷史新高。

　　威廉·懷特（William White）是瑞士巴塞爾的國際清算銀行前任首席經濟學家，同時也是最早預測到金融危機的少數人之一，他長期批評各國央行的金融政策。在他看來，各國央行正在採取措施，「為下一輪的經濟榮景與崩潰奠定基礎，推動這輪榮景與崩潰的是日益寬鬆的借貸標準，以及不斷上升的債務水準。」換句話說，銀行在金融市場和經濟中製造了一系列的人為推升，隨後帶來更深層的經濟崩潰，為了對抗崩潰，銀行又降低貸款標準，並導致更高的債務水準。[10]

　　然而，此一利率政策對實體經濟的影響卻越來越小。如圖 1 所示，美國與歐洲自金融危機以來經歷的經濟成長是二戰後歷時最長、也最疲弱的成長之一。全球各地的實質 GDP 都低於金融危機前趨勢若持續下去所預期的應有水準。

10　FINANCIAL TIMES, "The seeds of the next debt crisis", 4 March 2020. 連結：https://www.ft.com/content/27cf0690-5c9d-11ea-b0ab-339c2307bcd4

圖 1　全球債務已達歷史新高

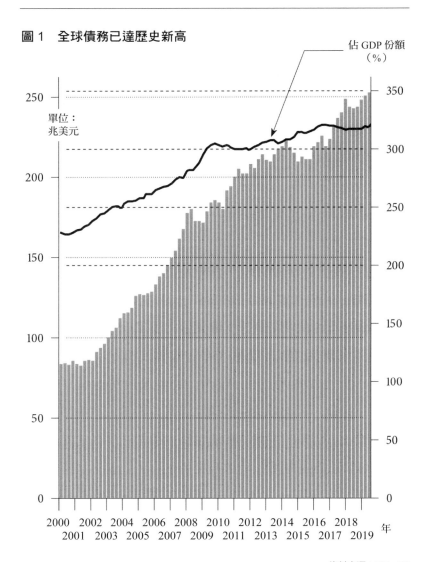

資料來源：*IFF*、*FT*

資產價格的顯著上漲

　　為何新債務對實體經濟成長的影響如此小？原因很簡單，因為這些債務並沒有被有效利用。例如開發新的產品或興建新廠房，反而被拿來購買股票或房地產這類既有資產。直到2019 年底為止的這 10 年裡，美國和日本的股市交易翻了 1 倍以上。此外，儘管中國在此一期間經歷了兩次泡沫破裂，但中國股市活絡的情況卻跟美日幾乎一樣。歐元區內的各股市也都上漲了約 50%。

　　根據 BIS 的資料顯示，[11] 房地產價格在世界各地也都呈現上漲趨勢，工業化國家上漲 33%，新興國家則是 60%。按地區說明價格上漲的情況就是：歐元區上漲了 15%、日本 15%、杜拜 31%、澳洲 32%、中國 35%、泰國 31%、巴西 51%、美國 51%，以及加拿大 60%。經濟中心地區的房地產價格更是飆漲。在倫敦、大部分的歐洲國家首都、紐約、波士頓、洛杉磯、舊金山、雪梨、墨爾本和溫哥華，房地產變得尤其昂貴。

　　廉價資金在房地產市場表現得特別引人注目。這是因為當幾乎無限量的商品──貨幣──遇上某種稀缺的商品──房地產──就會出現明顯的變化。銀行最樂意提供信貸的地方，莫

11　Bank for International Settlements (BIS), "About property price statistics". 連結：https://www.bis.org/statistics/pp.htm

過於被認為是安全投資的房地產了。

所得不均現象的加劇

高漲的房地產價格加劇了大部分國家的財富不平等現象，這一點也不令人意外。從收入來看，全球的貧窮率在過去 10 年裡有所下降。生活在絕對貧困（定義是每日收入低於 1.9 美元）中的人口比例，已從 5.4% 降到了 3.1%，這也許是人類有史以來的最低水準，這意味著數億人口的生活過得更好。東亞的貧困率從 3.8% 降至 0.5%、拉丁美洲從 2.8% 降至 1.3%、南亞從 6.6% 降至 3%，而撒哈拉沙漠以南的非洲則從 5.7% 降至 3.1%。只有中東和北非的貧困率從 0.5% 增加到 1%，這增加了歐洲所承受的移民壓力。

西方世界的情況則有所不同。再分配措施沒有發揮應有影響力，收入不平等的情形加劇了。儘管德國和法國等國家透過大量的再分配措施進行補救，但並非所有國家都這樣做，美國或英國就沒採取行動。結果，我們多年來已知的趨勢並未得到改善：中低收入階級的收入仍因全球化的結果而面臨壓力。一方面，我們改善了全球貧困，但另一方面，工業國家中的收入差距則變大了。

這樣的發展在財富方面表現得尤其明顯。在財富上，正如我們之前已經看到的，來自各國央行的廉價資金發揮了尤其強烈的影響。只有那些擁有資產的人才能從資產價格中獲利，這是很自然的，且這就是為何財富分配不平等現象持續加劇的原因。而這也再次延續了自 1980 年代以來即已存在的趨勢，也就是，一方面債務增加了，但另一方面資產價格也上漲了。

　　債務與資產價格兩者息息相關。債務允許人們用不斷增加的價格購買既存的資產，而更高的資產價格則回過頭來允許人們欠下更多的債務。因為貨幣變得越來越廉價與貸款越來越寬鬆（這表示資本要求降低了）兩者同時發生，於是我們面對的是一個自我延續的現象。由於央行含蓄地做出了干預及解決問題的承諾，人們就願意承擔更大的風險。房地產價格尤其上漲劇烈。這是湯瑪斯・皮凱提（Thomas Piketty）之類的經濟學家經常忽略的推動力，他們只看到了結果——更高的資產價格與更嚴重的財富不平等，卻沒有理解背後的推動力，也就是更高的債務水準與更低的利率。[12]

　　理解這一點之後，對於過去 10 年來我們所目睹的民粹主義者和反建制政黨支持度大幅增加的現象，我們也就無須訝異了。研究顯示，這些運動的支持度已經達到它們在 1930 年代時的水準。[13] 川普的當選與英國脫歐公投，很大程度都要歸因於前述的經濟景況。

12　我在我 2014 年的著作中對此有詳細說明：Daniel Stelter, "Die Schulden im 21. Jahrhundert", (Frankfurt, 2014).

13　Bridgewater Daily Observations, "Populism: The Phenomenon", 22 March 2017. 連結：https://www.bridgewater.com/resources/bwam032217.pdf

克勞斯・舒瓦博（Klaus Schwab），達沃斯世界經濟論壇（World Economic Forum in Davos）的創辦人兼主席在 2019 年曾說：「我們現在要照顧那些輸家，那些落後隊伍的人。當我們談到全球化的下一階段時，它必須要更包容、更永續。」確實，金融危機以來的經濟復甦只是讓原已存在的問題進一步惡化而已。

黯淡的前景

回顧令人沮喪的過去 10 年，儘管各國央行進行了大規模干預，我們卻只達成了小幅的成長，卻累積了更多的債務、資產泡沫及日益加劇的不平等。同時，也有越來越多的跡象顯示，下一次的衰退就在不遠處，例如中國經濟正在削弱，歐元區則持續朝長期停滯的方向發展。

難怪國際貨幣基金組織（International Monetary Fund，IMF）對於 2020 年的展望抱持懷疑態度：「全球經濟活動在 2018 年最後 3 季急遽放緩後仍維持疲態。尤其製造業活動動能大幅減弱，已達到全球金融危機以來所未見的程度。持續上升的貿易及地緣政治緊張，為全球貿易體系和更廣泛國際合作的未來增加了不確定性，對商業信心、投資決策及全球貿易都造成了損害。透過行動與溝通，貨幣政策日益轉為寬鬆，此一明顯改變抑制了這些緊張對金融市場情緒及活動的影響，而總體上更具韌性的服務部門則支持了就業成長。也就是說，前景仍動盪難測。」[14]

國際經濟合作暨發展組織（OECD）也表達了類似看法，其預期全球經濟成長率在 2019 年僅為 2.9%，OECD 於是要求「（……）我們需要緊急協調採取政治行動以恢復市場信心，促進包容性成長，並提升生活水準；全球貿易正處於停滯狀態，並拖累了幾乎所有主要經濟體的經濟活動；政策不確定也正在削弱投資、未來就業和收入。此外，經濟成長進一步放緩的風險仍然很高，包括貿易衝突升溫、地緣政治緊張、中國經濟放緩程度超出預期以及氣候變遷。」[15]

然後，新冠病毒出現了，它嚴重打擊了已步入衰退的脆弱經濟。

---

14 IMF, "World Economic Outlook Update – Tentative Stabilization, Sluggish Recovery", January 2020. 連結：https://www.imf.org/en/Publications/WEO/Issues/2020/01/20/weo-update-january2020

15 OECD Economic Outlook, "Rethink Policy for a Changing World", November 2019. 連結：http://www.oecd.org/economic-outlook/november-2019/

第二章

脆弱的金融體系

783.134

458.274

.120

459.192

76.4

　　金融市場的樂觀情緒一直持續到 2020 年 1 月。即使人們從螢幕上看見一幕幕越來越令人不安的畫面：在似乎遙遠的中國，一座座被封鎖的城市，以及穿著防護衣的人們；但美國和世界其他地方的股市交易卻屢創新高。

　　股票市場似乎相信事情不會那麼糟，認為中國經濟將迅速復甦，到了夏天，一切就會被忘得一乾二淨。經濟學家稱這樣的動盪為「V」型，即極度重挫後，迅速的復甦將隨之而來。嚴重急性呼吸道症候群（SARS）、1958 年的香港流感，甚至是 1918 年的西班牙流感，莫不如此，為何今天事情會有所不同？[1] 即使花的時間可能會稍微長些，但各國央行也會做好拯救經濟的準備，當然了，最重要的是它們會準備用更多，甚至更廉價的資金來拯救資本市場。就像過去 30 年一直發生的情形一樣。由於投資者都知道可預見的大量廉價資金將湧入市場，因此對他們來說，買進股票才是合理的事。

　　當病毒攻陷義大利時，它不會只待在中國這件事已經很清楚了。緊張的情緒開始蔓延整個經濟體。市場開始走下坡。它不再呈現為「V」型，而是「U」型，這意味著更長期的低迷；甚至是「L」型，也就是一場無法迅速復甦的經濟崩盤的可能

1　Boston Consulting Group (BCG): "What the Coronavirus could mean for the global economy", 3 March 2020. 連結：https://hbr.org/2020/03/what-coronavirus-could-mean-for-the-global- economy?utm_medium=Email&utm_source=esp&utm_campaign=covid&utm_description=featured_insights&utm_topic=covid&utm_geo=global&utm_content=202003&utm_usertoken=d7f2784bc0bee7eac8e585f95fe5ba809571ce5a

性，現在是切實存在了，這表示原已令人失望的經濟成長將進一步放緩。

信用投機

金融體系絕不像政客和央行在 2009 年金融危機後希望的那樣強健。儘管人們進行了許多的改革，以降低銀行在面對金融危機時的脆弱程度，但其中的一些措施卻可能產生適得其反的效果，我們將很快討論到這些措施。其二是，尤其是在歐洲，改革並未改變銀行體系存在的明顯的資本弱點。早在新冠病毒突擊前，股票交易市場對歐洲銀行的估值就已不到其帳面價值的一半了，幾乎和2012年歐元危機高峰時一樣糟。[2] 簡單地說，股票持有者不相信銀行所提供的數據。

整個金融體系中的債務水準不斷上升則是另一個更大的問題。經濟學家談到「槓桿操作（leverage）」，也就是「槓桿（lever）」的運用。槓桿的作用是增加已投入資本的回報率。這裡有個例子可以解釋何謂「槓桿操作」：

假設你用 100 歐元買 1 股，每年可固定得到 10 歐元的安全股息。如果你只用股權認購，你將得到10%的報酬率。然而，

2　beyond the obvious "Coronavirus: Statusbestimmung zum Wochenanfang", 9. March 2020. 連　結：https://think-beyondtheobvious.com/corona-virus-statusbestimmung-zum-wochenanfang/

從銀行借 100 歐元、一次買 2 股的吸引力更大。因為，如果銀行要求 5% 的利率，那麼銀行將得到 5 歐元，而另外 15 歐元則會落入你的口袋。這樣你就得到 15% 的回報。理論上，銀行會更慷慨並且滿足於只拿 20% 的股權。所以，你就可以從銀行借 400 歐元，加上你原本的 100 歐元來買 5 股。在 50 歐元的股息中，有 20 歐元會進入銀行口袋（400 歐元的 5%），而你則拿到了 30 歐元——你的回報率是所投資股權的 30%！

慢慢地，其他人開始注意到這筆「交易」，並對低於 30% 以下的收益感到滿意。因此他們願意為這股票付出更高的價格。如果股價漲到了 140 歐元，你將不只得到不錯的價格收益，同時也得到更多的股權。結果，你的「融資（margin）」增加到了 300 歐元（因為 100 歐元加上 200 歐元的價格增值）。股息收益則從 10% 降到了 7%。雖然如此，還是高於銀行利率。於是你又借了另外 840 歐元並買入更多的股票。現在你總共有 11 股股票，共價值 1540 歐元，你的債務是 1240 歐元。你的 300 歐元的股東權益報酬率（return on equity）降到了 16%，但是總盈餘（股息減去利息）則從 30 歐元增加到了 48 歐元。

因此，只要股息收益率高於銀行利率，承擔更多債務就會帶來回報，這就是槓桿效應。

正如我們看到的，槓桿越大越有吸引力。此外，自從 1980 年代以來，槓桿一直都是財富增長的主要推動力。再說，如果人們得到一個印象，認為當情況變糟時央行總是會出手相

救，並釋出廉價資金，於是他們就會願意冒更大的風險。但是
各國央行在過去幾年裡鼓勵的這種做法，卻正是導致金融危機
的原因。

只有當以信用貸款購買的資產（無論是債券、股票、房地
產、藝術品等）的價格上漲高於融資成本（利息）時，這個遊
戲才玩得下去。如果資產的價格停止上漲或融資成本增加，或
兩者同時發生時，遊戲就會變得很危險。貸方將要求更多的抵
押品（「追繳保證金（margin call）」），而借款人通常得在
很短的時間內將權益組成部分（equity component）拉回到商
定的水準。如果無法做到，他的資產就會被出售。一旦開始出
售，價格就會下跌得更快，並讓更多的投資人處於壓力之下。
資產價格加速下跌將導致市場崩跌。

這正是為何資本市場急劇衰退（slump）的速度比過去的
成長速度更快、更顯著的原因。急遽衰退的速度也正是危險的
原因。不只是借款人，就連資本提供者也會很快一無所有。如
果貸款開始違約，以低股東權益比（equity ration）經營的銀行
也會迅速破產，它們的資產價值會降到比它們的負債價值還
低。接著，市場參與者，包括銀行、保險公司、投資基金，會
開始彼此質疑對方的信用品質，它們要求收回自己的錢並避免
進行新的放款。於是，整個體系就會面臨崩潰的危險。這就是
金融危機發生時的情況，只有來自政府資金和央行新資金的極
力承諾，才能阻止這一切。

如果你想了解這些過程的細節，我推薦《黑心交易員的告白》（Margin Call）這部電影。凱文‧史貝西（Kevin Spacey）飾演一名銀行家，他催促他的交易員搶在別人之前迅速賣出毫無價值的證券。電影故事所暗示的故事正是 2008 年金融危機的開始階段。

三個層級槓桿操作

在前述的例子裡，我們關注的是單一投資人層級的槓桿效應。然而，槓桿效應也存在於公司層級。經理人可以通過減少股權、增加債務的操作方式來改善股東權益報酬率。正如前文所述，只要貸款利息低於總資本報酬，債務部分的任何增加都會導致更高的股東權益報酬率。過去 10 年裡，隨著利率降至前所未有的低點，這個條件很容易達成。

正如我們看到的，歐洲和美國企業的負債都大幅增加了，這點也不令人意外。一方面，債務水準高於 10 年前的水準；另一方面，債務的品質則下降了。越來越多公司背負著龐大債務，數額巨大，以致於評等機構，也就是評估信用品質的獨立組織，幾乎不認為這些債務是可持續的。

根據來自 OECD 的資料，2019 年底，非金融公司的未清償債券已經達到 13.5 兆美元的總額。自 2008 年以來增加了 1 倍之多。債務增加最多的地方是美國，根據聯邦政府的估計，美國債務水準已從 2007 年的 3.3 兆美元增加到今天的 6.5 兆美元，相當於 30% 以上的 GDP。[3] 公司債在歐洲也顯著地增加。根據 OECD 的資料，公司債的信用品質從未像今天這樣糟糕。

這些債務主要集中在傳統產業，因為像蘋果、微軟和 Alphabet（谷歌）這樣的科技公司往往會持有巨大的現金部位，但傳統產業沒有，因此在利潤較低的傳統產業，企業的債務特別高。當公司穩定獲利，利率也維持在低檔時，這不是問題。但是當經濟衰退時，公司就會無法妥善償還這些債務。早在 2019 年秋天時，IMF 就已警告美國的企業債務可能引發新一波金融危機。如果發生 2009 年規模一半的經濟衰退，負債達到 190 億美元的美國企業將無法賺到足夠的錢來償還它們積欠的債務。[4]

新冠危機發生前，美國銀行摩根大通（Morgan Stanley）就計算出每 6 家美國企業中，就有 1 家無法產生足夠的現金流來支付利息。只有當債權人願意提供額外貸款的情形下，這些「殭屍債務人（zombie debtor）」才能存活。

在所謂槓桿債務市場中，也明顯出現債務人信用品質惡化的情形。槓桿債務是由多家銀行組織起來為高負債企業提供的

3　FINANCIAL TIMES, "The seeds of the next debt crisis", 4 March 2020. 連結：https://www.ft.com/content/27cf0690-5c9d-11ea-b0ab-339c2307bcd4

4　International Monetary Fund (IMF), "Global Financial Stability Report: Lower for Longer", October 2019. 連結：https://www.imf.org/en/Publications/GFSR/Issues/2019/10/01/global-financial-stability-report- october-2019

借貸。這些債務之所以稱為「槓桿」，是因為相對於債務人的資產或收入，這些債務遠高於正常情況下所能接受。因此這些借貸的風險出奇地高。加總來算，這些貸款的全球市場估計為1.3 兆美元。

這些貸款主要用於籌措企業收購或買回自己股份的資金，但這兩種用途都不具生產性，因此也無法改善企業的未來償債能力。因此，人們賭的是「一切都不會出錯。」然而，當對債務人償債意願及能力的信心減少時，利率就上升了，這讓情形更加惡化，使得債務人更不可能還清他們的貸款。這種惡性循環不斷擴大。

股份回購及企業收購的運作方式和槓桿效應相同。最初股權被債務所取代，接著，由於股票的回購，可獲得的股份數額減少了。這樣做的目的是為了增加每股的收益。尤其是在美國，經理人喜歡用這種手法來操弄每股收益，因為他們的紅利來自於此。

這就讓我們進入了「二級槓桿（leverage^2）」的領域。當投資人不僅利用自己的資源，還越來越多地利用信貸時，「三級槓桿（leverage^3）」就發生了。由於利率低落，為了提高回報，投資人被迫承擔更高風險。結果他們用越來越高的價格購買高風險的公司債，從而壓低了公司債與公債之間的利率差距，也就是「利差」（spread）。結果是企業被鼓勵發行更多的債券，數量往往高達「最佳點」，進入最佳點的債券也就是會被評等機構評為 BBB 級的債券。這是最低「投資等級」的債券，許多像是退休基金這樣的投資人仍被允許購買這些債券。這個區塊的債券市場近年來在歐洲和美國都出現爆炸性成長。與此同時，評等機構也放寬了它們的標準。儘管基本財務數字並未達到要求的標準，但是許多債券在 2019 年仍被評為 BBB 級。如果說這現象有什麼問題的話，那麼，在許多情形下，它們的評級應該是要降低才對。[5]

另一個後果是投資人也開始運用槓桿了。他們用信貸來購買企業債券，以提高他們的股權收益。一些特別有進取性的避險基金操作著 90% 借來的資本，購買從公債到公司債到股票等各式各樣的證券，這種情況並不少見。

現在我們認識到公司、股票回購和投資人這 3 個層級的槓桿操作了。一切終究取決於企業的獲利能力。只要現金流照計畫進來，企業就能支付利息與股息，到期債券贖回的情況不會發生，而是被新發行的債券所取代。

另一方面，如果經營狀況持續惡化，收入就會減少。從放款人的角度來看，這降低了信用品質，於是債券被出售，企業須支付的利率則上升了。一旦債券到期，企業必須付出較高的利息成本才能為其籌措資金，而這又回過頭來對利潤產生了額

---

5   Daniel Stelter, manager magazin, "Löst General Electric die nächste Finanzkrise aus?", 21. August 2019. 連 結：https://www.manager-magazin.de/finanzen/artikel/general-electric-siemens-konkurrent-als- weltfinanzrisiko-a-1282737.html

外影響。結果是企業的股票與債券持續下跌。此外，這也增加了信用品質下降及利率上升的螺旋式下跌風險，而這又會回頭進一步降低信用品質。

此外，購買了這些債券和股票的投資人，尤其是部分資金來自信貸的那些投資人，則感到賣出這些證券的壓力越來越大。他們必須這麼做才能控制住自己的損失。然而，這樣做會讓價格下跌的速度加快。投資人層級的追繳保證金增加了企業承受的壓力，而更高的利率又讓企業陷入更大的麻煩，使加速度的螺旋式下跌發生得非常快。

安全的幻覺

現在你可能認為這類債務的問題不大，因為它不像之前的金融危機，銀行現在並不是直接的放款人。退休基金、保險公司和其他資產管理人及投資基金才是主要的投資人。理論上他們應該能夠更妥善地處理這些損失才對，而且這對於金融市場的其他參與者影響較小，特別是在貸款拖欠的情況下更是如此。

然而這種認為金融體系較不易陷入危機的想法具有欺騙性質。因為我們知道，銀行不只是減少直接貸款而已，由於受到監管，銀行自己的帳目上也不再有證券投資組合。結果是他們不再扮演「造市者（market maker）」角色，也不再替市場提供充分的流動性，因此市場再也無法像金融危機前那樣運作。這對債券來說尤其是個麻煩，因為每種債券實際上都是獨一無二的，而且，在失去信任的情況下，債券交易很快就會變得不可能，或是只有在價格大幅波動的情況下才可能進行交易。這會導致對市場的信心危機，這種信心危機可能影響到來自其他債務人的其他債券。

隨著信用品質顯著惡化，評等機構評為 BBB 級的債券成為主流，由於受到監管，當評級下降時投資者不再被允許持有這些證券，因此它們拋售這些證券的風險就增加了。以保險公司和退休基金這些投資人為例，它們可能只持有「投資等級」的證券。如果它們必須要賣，就會引發價格下跌，因為賣家多，買家卻不多。

如果公司債出問題，銀行也會受影響，即使它們不是直接放款。借款人的利率會上升，因為放款人開始質疑他們的償付能力。銀行發放的貸款也會有違約情形，因此銀行抵押品的價值也會下降。

考慮到利率極低，私人投資人也面臨著機構投資人所面臨的相同挑戰。銀行為推銷可交易的投資基金，將它們吹捧為實質「無風險」的基金。這些基金不只便宜，而且隨時可以賣出。但它們沒說的是，當危機發生時，這些基金不是根本賣不掉，就是只能在大打折扣的情況下出售，尤其是那些以債券為投資標的基金更是如此。因此市場並不如人們所說的那樣具有流動性。當市場出現恐慌時，這種基金只會加劇下跌的趨勢。

這是人們一直以來都知道的。每個人都可以看見央行每一輪買入證券，實際上都是在養大這隻槓桿怪獸，儘管它們的目標應該是要對抗通貨緊縮。專家們都知道，監管讓退出市場的出口變窄了。但每個人都相信這段話：「一切都會好起來的，因為情況開始變糟時，央行總會插手進來。」於是資產價格持續上漲，槓桿遊戲繼續。

2020 年 1 月，美國股價已到了十分昂貴的地步，以致於雖然沒發生崩盤，人們還是只能期待低報酬率。就像 2000 年1 月，也就是網路泡沫破裂的前夕，股市變得更加昂貴，1929年股災發生前的情況也是如此。儘管如此，人們還是慶祝了一番，專家們則打賭事故發生時，他們一定能比私人投資人更快撤出市場。

但我們已經接近那個點了。當時的全球經濟是脆弱的，美中貿易衝突仍然無解，從北韓到伊朗的地緣政治問題隨時有升高可能。英國脫歐的後果也同樣不確定。投資人都準備好要跳船了。

確實，景氣循環股（cyclical stock）、商品和新興市場一直都很容易陷入長期的疲軟，時間比債券長得多。從 2018 年夏天以來，美國公債利率就一直處在下滑中。到了 2019 年 8月，聯準會（FED，即美國央行）就已不得不進行市場干預了。聯準會在 22 個月內將它的資產負債表縮減了 6,800 億美元，

為了穩定被用來進行短期籌資的債券回購市場（repo-
market），它甚至在新冠危機爆發前就已買入 1 兆美元的債券。
流動性緊縮是由操作高槓桿的避險基金所造成。股市持續上
漲，但早在新冠病毒發動攻擊前許久，警訊就已經很明顯了。

這些警訊該被認真看待。它們全都指向同一個方向：一個
越來越走向日本那種長期停滯及通貨緊縮的世界。

新冠病毒結束了好日子

就在這種高負債、低股權、投機越來越盛行的複雜情況
下，新冠病毒來襲了。這場衝擊創造出不尋常的景況，因為儘
管利率接近 0 或甚至為負，並且風險主要不在銀行體系內，但
我們仍正在應對著一場金融危機。從債券到期日可以看見我們
面臨著多大的危險：今年美國有將近 8,400 億美元 BBB 級甚
至更差評等的債券即將到期。考慮到目前的經濟形勢，許多企
業可能很難再為這些債券進行籌資。那些固定成本很高的企
業——絕大多數集中在工業——受到的打擊將特別嚴重。

槓桿遊戲讓一些原本的狀況有了改變：

• 高負債的公司忽然發現他們的現金流正在下降中。這對
於攸關償債能力的獲利產生了極大影響。評等出現波動，這一
點也不令人意外，擁有大筆債務的企業在股市交易中的跌幅最
大。

- 這些企業的債券持有人越來越沉不住氣，想要出脫手上的債券。因此，賣壓增加了。股價開始下跌。

- 股市承認無法持續原已過高的獲利預期。最重要的是，投資人害怕其他人會搶在他們賣出股票。結果，股市開始下跌。

- 每個利用信貸買股的人都緊張起來。

- 拋售潮開始。被追繳保證金的情況增加，現在一切就看流動性了。這就是為什麼所有東西最後都會下跌的原因，甚至是黃金，有時公債也會加入行列。市場正在「去槓桿」，以最快的速度逆轉槓桿化的過程。這裡的座右銘是：如果你想要恐慌，那你就要當第一個恐慌的人。

整個過程看上去就是圖 2 那樣：

圖 2　可與 1929 年、1987 年相比的 2019/2020 年熊市

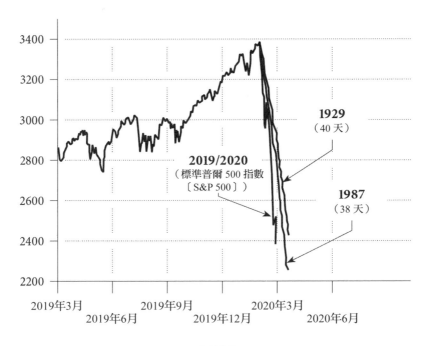

資料來源：*BofA, Global Investment Strategy, Bloomberg*

債市也受到同樣嚴重的打擊。有鑒於之前的說明,這不令人意外。

因此,這是一個越來越投機而非投資取向的經濟,新冠病毒只是暴露了它的根本弊病而已。投資人紛紛從市場撤資了。

病毒原本就會對實體經濟產生巨大的影響。而它所衝擊的、在央行廉價資金鼓舞下將槓桿極大化的金融世界,讓後果變得更糟。

正如金融危機時一樣,我們正在面對通貨緊縮的衝擊。由於越來越多經營者處於高負債水準,下跌的資產價格遂導致過度負債的狀態。正如我們在 1930 年代大蕭條時期所學到的,無可避免的結果是,我們將面對一波帶來毀滅性影響的破產潮。耶魯大學前教授爾文‧費雪(Irving Fisher)在他的論文〈大蕭條的債務型通貨緊縮理論(Debt Deflation Theory of Great Depression)〉[6] 中生動地描繪了這個過程,這個描述適用於每一次去槓桿化過程,包括就在我們眼前的這次——如果政治人物沒有鼓起勇氣進行干預的話:

因此,假定某個時間點存在著某種過度負債狀態,透過債務人或債權人的警示,結果往往是導致清算(liquidation)。接著,我們可以將隨後引發的一連串後果分為 9 個環節:(1)債務清算導致廉價拋售(distress selling),並導致(2)存款貨

6　Irving Fisher, "The Debt Deflation Theory of Great Depressions", Econometrica, Vol 1 (4), S. 337 – 357, October 1933

圖 3　債券基金遭遇前所未見的資金流出
每週共同基金與交易所交易債券基金流量

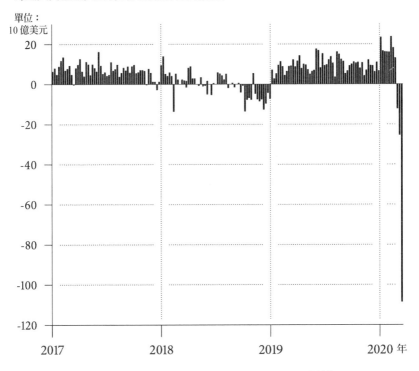

資料來源：*EPFR Global*

幣緊縮（contraction of deposit currency），因為銀行貸款已經清償了，此外還會造成流通速度的減緩。在廉價拋售的壓力下，存款貨幣收縮和流通速度的減緩造成了（3）價格水準下滑，換言之，就是美元的膨脹。如上所述，假定價格的下滑並未受到通貨再膨脹或其他因素的干擾，那麼必然會出現（4）商業淨值更大幅度的下降，加速銀行破產以及（5）利潤的同規模下降。而在一個資本主義社會，也就是一個講求私人利潤的社會，這會導致虧本經營的憂慮，結果造成（6）產出、交易和勞動力就業的減少，這些損失導致（7）悲觀情緒和信心的喪失，而這又回過頭來造成（8）囤積並將流通速度降至更低。以上 8 種變化導致（9）利率的複雜波動，尤其是名目利率（或貨幣利率）的下跌，以及實質利率（或商品利率）的上揚。

費雪表示，過度負債和通貨緊縮是毀滅性的結合。「這兩種疾病彼此影響並相互作用，」他說。前者會導致後者，「而且，反之亦然，債務造成的通貨緊縮會回頭對債務產生作用。尚未還清的每一塊錢債務都會變成更大的一塊錢，如果引發這一切的過度負債規模夠大的話，債務清算的速度會趕不上它所引發的價格下跌速度。在這種情況下，債務清算被自己打敗了。儘管它減少了債務的數額，但是它讓債務減少的速度趕不上它讓所欠的每一塊錢價值增加的速度。

這個過程影響的絕不只是邪惡的投機客而已，它還影響到要靠信貸工作的每個人，因此它會影響整個經濟：餐廳、旅館、工匠和實業公司。每個人的肩上都扛著當他們的收入耗盡時所無法迅速負擔的財務責任：租金、利息、本金、薪資、稅金及社會安全提撥。樣樣都需要錢，儘管沒有客人上門。

費雪指出了兩種擺脫蕭條的方法。一條路自然而漫長，途經破產、失業和飢餓。另一條路（人為而且速成）則是將價格水準再膨脹到一個平均水準，在這個水準上，假設現有債務人願意背起未清償債務，現有放款人也會願意承擔未清償債務。

嘗試借鑑費雪智慧的央行

金融市場的重挫將成為實體經濟及金融市場——實體經濟鏈（the chain of financial markets-the real market）的麻煩。如果市場參與者對政治人物阻止蕭條發生的能力有所懷疑，那麼金融市場就會上漲。當我寫作這本書時（2020 年 4 月初），已經明顯看到各國央行啟動了一個大型的計畫，它們不計一切代價地遵照費雪的建議進行通貨「再膨脹」。儘管我們看到投資人與企業在過去幾年的輕率行為——在廉價資金及央行會給予紓困的含蓄保障激勵下，用越來越高的槓桿進行投機性操作——但通貨再膨脹是它們唯一的選項。雖然這又是另一個重大的道德風險案例，但它們別無選擇，因為不可能讓 1930 年代那樣嚴重的大蕭條再次發生。美國聯準會在 4 月初決定不但要直接購買 BBB 級或更高評等的公司債，還要開始通過指數股票型基金（簡稱 ETF）買進所謂的「垃圾債券」。考慮到之前描述過的整個環境及金融市場的脆弱狀態，這樣做並不令人意外。

然而，我們也應該讓所有人明白，美國央行的這個政策幫助的是投機客，而不是實體經濟。即使是《金融時報》（*Financial Times*）也指出「垃圾債券購買計畫的受益者是那些過度槓桿的私募股權集團和心態不健康的借款人。」這個政策受到「高度道德風險」的譴責。[7] 他們罵得對。

正如之後將在本書中看到的，這只是開始而已。當你讀到這本書時，將有更多這類的政策問世並且上路了。

7　*FINANCIAL TIMES*, Federal Reserve has encouraged moral hazard on a grand scale", 13 April 2020. 連結：https://www.ft.com/content/52a46bcf-f238-43cd-82dd-c48c3c1883e3

第 3 章

新冠病毒帶來的終極震撼

783.134
458.274
.120
459.192
76.43
- 新冠病毒如何影響經濟
- 一場前所未見的經濟衰退
- 我們都欠債
- 營業與財務槓桿

2020 年 1 月，長期疲軟的經濟與脆弱的金融體系，似乎無法持續下去了。金融市場距離實體經濟實在太遠。人們已經無法否認廉價資金政策對實體經濟及資產市場產生的消極副作用。

對於金融市場即將崩潰並帶來經濟衰退的風險，人們再也無法視而不見。正因如此，來自如 IMF、OECD 和世界銀行等國際機構的呼籲聲才會越來越響亮。它們呼籲各國政府做好準備，實施應對下一次衰退所需的政策工具，並在與央行密切配合下推行政府支出計畫。

沒有人知道下一次經濟低迷的導火線會是什麼，也沒有人猜得到使我們從睡夢中醒來的衝擊會有多猛烈。然後，COVID-19 降臨了。最令人想像不到的意外就這樣發生了。許多人認為它是無可預料到的「黑天鵝」。（創造出「黑天鵝」一詞的 2007 年暢銷書作家納西姆‧塔雷伯〔Nassim Taleb〕在一場訪談中指出，這場大流行病並非真正的「黑天鵝」事件，因為它是可以預測並預做準備的。[1]）這場衝擊蓋過了所有之

---

1 「黑天鵝」一詞指的是極不可能在經濟和股票交易中出現的事件。創造出這一名詞的納西姆‧塔雷伯，在 2007 年出版了同名書籍。塔雷伯在接受瑞士報紙《新蘇黎世報》（*Neue Zürcher Zeitung*，NZZ）採訪時曾說，一場像 COVID-19 這樣的大流行病本是意料中的事，新加坡等國幾年前就與他合作為此進行準備。"Die Corona-Pandemie ist kein schwarzer Schwan: Warum 2020 nach Nassim Taleb nicht mit 2008 zu vergleichen ist", 27. March 2020. 連結：https://www.nzz.ch/feuilleton/kein-schwarzer-schwan-nassim-taleb-ueber-die-corona-pandemie-ld.1548877

前的衝擊，它是「一切衰退之母」。[2] 這說法會太含蓄嗎？

新冠病毒如何影響經濟

　　新冠病毒對於經濟是所謂的「外生性衝擊（exogenous shock）」，也就是突然間環境有了翻天覆地的改變。經濟學家這樣說：

　　• 供給的外生性衝擊：貨品和服務的供給數量出現顯著變化。兩個負面衝擊的例子突然出現在我的腦海。首先是 1970 年代的石油價格衝擊，當時的石油價格突然明顯上漲。這次的價格上漲對整體經濟產生了負面影響，造成全球性衰退與通貨膨脹。另一個例子則是東歐與中國對世界市場開放。全球勞動力供給的擴張也是一種衝擊，因為這導致工業化國家的工資壓力。

　　• 需求的外生性衝擊：貨品和服務的需求數量出現顯著變化。這可能是由於貿易保護措施所造成，新關稅明顯抑制需求就是一個例子。

　　病毒一開始產生的影響就像是對供給造成外生性的衝擊。在中國，占出口能力近 90% 的工廠被關閉了。由於供應鏈的

2　Handelsblatt, "Ökonom Felbermayr erwartet 'die Mutter aller Rezessionen'", 17. März 2020, abrufbar unter: https://www.handelsblatt.com/politik/deutschland/coronavirus-oekonom-felbermayr-erwartet-die-mutter- aller-rezessionen/25654514.html?ticket=ST-2133679-5NO34fk7zF3OleVMSGez-ap1

國際互聯性（international interconnectedness），可預見的是，由於供應零件的短缺，世界各地的生產將很快陷入停擺。從經濟政策的角度來看，因應這種衝擊相對容易。只要對受影響的企業提供流動性的支持、使受雇者獲得短時工作（short-time work）即可。在某個時間點，短缺將結束，缺少的零件將送出，工廠會復工，損失的生產會在幾個星期內得到彌補。這幅圖像被稱為「V」型衰退——深度的暫時性衰退伴隨著迅速復甦。

在這個階段也出現了需求衝擊，只是西方人通常不會注意到而已。在中國，需求出現了明顯重挫的情形，例如對汽車的需求就下降了超過 90%。有鑒於醫療的緊急狀態，處於檢疫中的人們對於購買新車以外的其他事情產生興趣，這並不令人意外。但對出口到中國的公司而言，這是個大麻煩，即使是在新冠病毒仍看似侷限於中國的某些地區時，情況也已是如此。中國需求的下降意味著人們已經可以預見 2020 年，歐元區等地區的經濟將進入衰退邊緣。

我們已經處在「U」型衰退的風險中了——「U」型衰退需要稍微長一點時間才能克服。在這個圖像中，經濟措施也很簡單。就出口業者而言，流動性支撐及短期措施的相同組合可能就可以解決問題。經濟復甦只是時間早晚的問題而已，儘管復甦會有多快仍是個疑問。

然而，新冠病毒並非一直待在中國，而是擴散到世界各地。中國的鄰居，台灣、越南和新加坡，在早期階段即迅速限制病毒的傳播。南韓透過檢測、檢疫措施及運作十分良好的醫療照護體系成功控制了這場流行病的傳播。然而，西方國家從一開始就低估這場危機，而且幾乎沒有採取任何準備措施。結果，在疫情的後期階段，它們必須採取更嚴格的措施。

這些更嚴厲的措施實際上等於使公共生活停擺，並因此回過頭來回應了供給衝擊，因為貨品與服務的生產也正在下滑。與此同時，需求也受到了嚴重衝擊，這情況要糟得多。不考慮恐慌性購買的暫時性影響，整體經濟需求正在顯著銳減。

一場前所未見的經濟衰退

需求下滑跟正常的衰退不同。我們不僅面對世界貿易、出口及國內需求的同步下滑，我們還面臨一種全然不同的需求下滑模式。正常衰退主要影響生產耐久性消費財（durable consumption goods）的製造業，與資本財（capital goods）及其供應商。這會間接地導致所有其他經濟領域的損失，從旅行社、餐廳到戲院。然而新冠病毒帶來的衰退打擊到所有人。它影響了那些在正常衰退中只是間接受害者的經濟領域，並且是施以重擊。

讓我們思考一下電影院經營者的處境吧：經濟衰退時，人們可能會多存錢而將去電影院的錢省下來。結果電影院的收入下滑，只能減少僱用的員工數量。這導致更低的利潤，甚至可能是虧損，令人很挫折沒錯，但這種事不大可能威脅到電影院經營者本人的生存。當然，在正常的衰退時期，總是會有一些人破產，但是這是個自然選擇的過程——儘管就個人而言，這過程可能帶來了痛苦。但實力較強的公司會生存下來，並讓整體經濟更具有競爭力。

然而，我們今天應付的不是區區幾個百分比的業績下滑。如果商店、旅館和餐廳必須關門，如果沒有人可以旅行，每個人都待在家裡，那麼業績就會幾乎為 0。在大多數情況中，超過 10 個百分點的銷售數字下滑就已經足以危及企業的生存了。

我們都欠債

仔細研究一下以下狀況會對我們有幫助。

讓我們先從一個勞工的例子開始。如果他失業了，他的收入——也就是他的營業額——就會變成 0。假設他生活和吃飯都可以免費，這不會是個大問題，因為他就不會缺乏生存必需品。但實際情況並非如此。我們全都有經常成本（running cost），也就是需要吃、住和某程度的「社會參與」。因此我們需要持續有收入，即使我們有些存款，因為這些存款只夠我們維持一段時間。

現代福利國家為個人勞工做了充足的準備。尤其因為 1929 年後的全球經濟危機及隨之而來的貧困潮所帶來的政治改革，其結果是失業者都可以獲得失業保險給付。當然，對於個人勞工的支持程度會因國家而異。在西歐，社會福利體系發展成熟，在這場衝擊中發揮了穩定劑的效果。但美國則是另一回事，美國的社會安全體系不像西歐那麼全面。這說明了為何美國政府決定採取的緊急措施之一是向每位公民提供每個月1,000美元的直接支持。[3]

在德國，一旦存款不足，每個公民都可以向政府申請社會安全生活補助金。但這裡出現了第一個問題：乍看下，保險給付是個有效的工具，然而個人必須先靠自己的存款過活。在正常時期時這是個適當的手段，因為它的意圖是激勵領取人趕快找一份新工作。這個政策的基礎是經驗研究資料，這些數據顯示一個人失業的時間越長，找到工作的可能性就越小。然而，在我們正經歷的這種需求衝擊的情況下，這方法絕對是錯誤的。公民儲蓄減少任何一分都會導致儲蓄傾向的增加，因此在危機嚴重階段結束後，需求仍會受到抑制。

所以，在個人層次，如果我們假定一個人沒有進一步的財務義務，那麼他的生存就不會受到威脅。不僅他個人的生活必需品，包括他家人的也都得到了保障。雖然許多人在財務上可能會受到限制，但那只是暫時的。

3　The Guardian, "US government to give citizens emergency financial aid", 17 March 2020. 連結：https://www.theguardian.com/world/2020/mar/17/us-government-to-give-citizens-emergency-financial-aid

　　然而，如果這個人有額外的負債，例如未清償的貸款，那麼事情就會變得棘手。由於社會福利移轉不足的關係，這些債務可能不再能按期償還。結果是出現了逾期付款及個人破產的風險。

營業與財務槓桿

　　讓我們將這例子延伸開來。到目前為止，政府的目標一直是幫助受疫情影響的公民應付他們的日常開支。現在我們來思考一下自營業者的處境，他們實際上是最小的創業單位。他們的困難在於不僅要支付自己私人的日常開支，還附有其他財務義務，例如租金、已採購的商品、員工薪資、所得稅、預課的銷售稅（sale tax prepayment），以及社會安全提撥。

　　問題的嚴重程度可以根據所謂的「營業槓桿（operating leverage）」加以評估。營業槓桿效應描述的是取決於成本結構的銷售波動對於利潤的影響。舉例而言，如果成本是 100% 可變的，那就不會有任何損失的風險。如果沒有銷售，就不會有成本。因此雖然沒有利潤，但也不會有損失。送報員就是一個例子，沒有報紙可送時，他就待在家裡。

　　另一個極端的例子則是一家 100% 是固定成本的公司。即使沒有製造任何東西，這些成本照樣會產生。這種情況不應該存在，但一般來說，由於自動化以對機器和設備的投資，我們面對的是越來越多的公司越來越難改變短期成本的狀況。

下方的圖 4 說明了這個狀況：

圖 4 營業槓桿效應

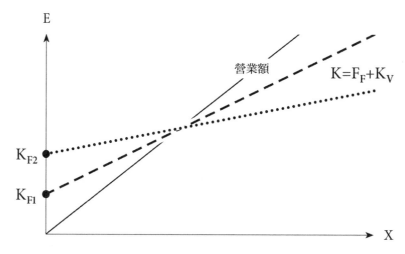

在圖 4 中，X 代表製造與銷售數額；E 代表銷售收入，也就是數量 (X) 乘以每件的售價；而 KF2 和 KF1 則代表不同的成本曲線。KF2 由較高的固定成本開始，然後有較低的變動成本，而 KF1 則有較低的固定成本，因此變動成本較高。虧損區從成本線與銷售線交叉區域的左邊開始，而獲利區則從右邊開始。我們可以清楚看到，在 KF2 的情形中，虧損很快就變得明顯高於 KF1，在 KF1 的企業家仍可做出調整。營業槓桿效應測量的是相對毛利率變化與相對銷售額變化的比率。因此，在這個例子，KF2 有較高的營業槓桿，所以風險更大。

同樣清楚的是，銷售下滑程度越大，虧損就越大。無論營業槓桿有多高，銷售嚴重下滑時都無可避免會產生虧損，正如在新冠病毒危機中所發生的情形，只有 100% 變動成本的極少數情況才會例外。

除了營業槓桿，還有我們之前已經看到的財務槓桿。除了公司的營業成本外，還有財務義務：利息和還款義務。這很重要，因為只有極少數企業可以在沒有外部資金來源的情況下運作。德國企業的股權持份（equity share）為 31%（2018 年），員工數最多 10 人的小型企業則僅有約 22% 的股權。[4] 對許多小型企業來說，股權比率可能更低得多。

---

4   Statista: "Durchschnittliche Eigenkapitalquoten mittelständischer Unternehmen in Deutschland nach Beschäftigungsgrößenklassen 2006 bis 2018". 連結：https://de.statista. com/statistik/daten/studie/150148/umfrage/durchschnittliche-eigenkapitalquote-im-deutschen-mittelstand/

股權比率越高，公司就越穩定。股權比例越低，經濟不景氣時公司破產的風險就越高。如果一家公司破產，接著會反過來造成經濟的進一步損失使崩潰浪潮出現，例如供應商會損失他們的應收帳款，於是連自己都破產。

除了股權，流動性也扮演了關鍵角色。這就是為何大部分的政府援助方案都從流動性支持開始。如果企業平均有約 6 個百分點的銷售額是現金收入，[5] 一旦收入降為 0，流動性在 22 天後就會耗盡。

舉一個有關流動性的例子：

一家位於柏林的餐廳每年營業額約 50 萬歐元，並雇用 13 個員工。扣除成本和稅金後，2 名經營管理者每人可獲得約 25,000 歐元。他們就靠這筆錢維生並儲備他們老後的生活所需。

但看一下 2020 年 3 月的銷售與成本就能發現問題的嚴重程度（下頁圖 5）：

在宣布停業及採取擴大社交距離措施之後，這家餐廳的銷售額掉了約 50 個百分點。於是餐廳歇業，所有的員工也被遣散了。他們仍販售外帶食品，這就是為什麼他們仍持續創造銷售額的原因——只是銷售的地方不在餐廳而已。人事成本降低

5　Der Treasurer: "LBBW-Umfrage: Deutsche Unternehmen halten zu viel Liquidität", 16. März 2018. 連結：https://www.dertreasurer.de/news/cash-management-zahlungsverkehr/lbbw-unternehmen-halten-zu-viel- liquiditaet-61971/

圖5 疫情前後的銷售與成本

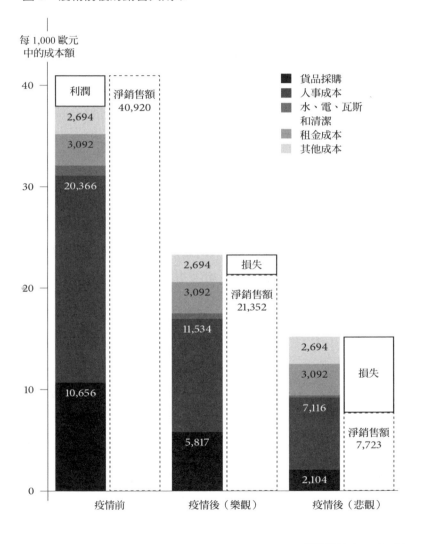

資料來源：*Accounting data*

了，但不完全是因為資遣預告期（notice period）的關係。雖然有些員工在通知遣散後請了病假，但也有些人繼續到餐廳工作。預告期間造成人事成本增加，但營業額卻下降了。

水、電、瓦斯和清潔費用都是變動成本。貨品採購的成本稍微增加，因為採購的數額下降了，整個大環境都在全力應對疫情所帶來的衝擊也是一個原因。其他成本項目，如租金、保險、車稅、廢棄物處理、營業需求等，都是固定的。

虧損顯然已經造成。如果更嚴格的社會限制措施上路，並且銷售額持續下滑，這些經營管理者就幾乎沒有槓桿空間可以採取對策了。虧損持續增加。如果沒有獲得財務援助，這間公司最多只能堅持到 5 月。然而，如果他們得到一筆貸款，這筆貸款也可能只是延後破產而已，無法阻止破產，因為他們沒有足夠的現金流可用於營業及償還債務。

世界上有幾百萬家企業都正面臨和這間餐廳同樣的命運。在一個每間企業都靠「預先融資（pre-financing）」運作的經濟體系，需求崩盤無可避免地會帶來一波破產潮。最終，整個金融體系也將搖搖欲墜。

沒有政府的支持，結果就會是一場史無前例的經濟危機，所有之前的全球性經濟危機都將為之黯然失色。那些正常狀況下經濟低迷時僅會間接受到損失的企業，現在正遭受直接且嚴重的打擊。

第 4 章

人為的經濟昏迷

783.134

458.274

.120

459.192

76.4

- 體系變革真的是無可避免的結果嗎？
- 一場人為的經濟昏迷可能會是解決辦法
- 對於收入損失的補償
- 有效且有效率的「心靈昏迷」

世界各國的銀行與政府都正推出各種方案以應對新冠病毒所造成的經濟後果。整個情況就像是各國政府與央行都有能力預見經濟衰退造成的損害，並採取積極而慷慨的行動似的——只是它們不知從何下手而已。

也不必怪它們，畢竟對所有人而言這都是全新的狀況。我們過去從金融危機學到的教訓並不全然適用。今天，光是透過政府補助、資產價格上漲操作及會計規則改變來重組銀行的資產負債表，已經不夠了——必須補償實質收入才行。這樣做比單純的重組要困難得多，也昂貴得多。

世界各國的政治人物都在仰賴流動性資金的支持措施。歸結出來的一個事實就是：企業必須承擔更多的債務，而在極端的情況下，國家被迫持有股權。債務負擔超出能力範圍的企業並不少見，但誰願意被收歸國有呢？所以任何企業的理性決策都會是儘可能避免讓情況惡化至此。這意味著盡快透過裁員及取消訂單的方式來削減成本。但這只會加劇經濟低迷的程度。

體系變革真的是無可避免的結果嗎？

然而，可以預見，如果以這種方式來進行國家紓困，我們的經濟秩序將產生巨大改變。我們正走向一個日益由國家主導的經濟，危機持續的時間越長、經濟活動暴跌的程度越深，這個前景就越有可能成真。作為對於政府協助的回報，國家取得了企業的股份，有些人對此抱持正面看法。提到金融危機時，有些人會說，這是避免將利潤私有化及將損失社會化的唯一途徑。

然而，這個邏輯有缺陷。在金融危機時期，企業之所以陷入麻煩是因為自己採取的行動。但這一次的狀況不同，企業並不需要對此負起責任。當然，人們會主張，大公司的管理階層選擇了不斷加碼槓桿，而不是為困難時期預做準備，因此他們需要為今天的財務狀況負責。想想美國航空業，過去幾年來，他們已經花了數 10 億美元回購自己的股份，有些還是透過信貸方式進行，人們也許會正確地問一個問題：為什麼這些企業和他們的持股人應該從政府補貼受益？一個潛在可能的解決辦法是將紓困與強制國有持股掛鉤，如果過去 5 年裡企業在現金流超過某一門檻的情況下回購股份，那們持股人就會遭受重大（如果不是全部）損失。但這個標準並不適用於絕大多數企業，因為他們並未上市。對這些企業，政府的支持應該是無條件的。

如果政府成為經濟遊戲中的要角，那麼將會帶來以下巨大的負面後果：

• 基於效率的理由，國家的支持將會集中於大企業。然而，整個經濟的支柱是靠較小型的企業撐起的，這些企業需要援助。但如果援助是透過貸款的形式，未來幾年裡這些企業的體質將因此而削弱。

• 對競爭的扭曲也是可預期的後果。相對於那些需要量入為出的企業，國有企業擁有競爭優勢。這懲罰了那些拿出自己的錢來為企業提供資金的人。國有企業的籌資成本可能永遠都會低於那些自由經濟中的企業。

• 國家必須控制及管理它的持股。國家是否有辦法找到資格充分的公務員和政治人物來完成這項任務？人們必須對此提出疑問。

• 我們從金融危機中學到的一點是，國家要從一家公司撤出可能需要幾十年的時間——正如我們在歐洲某些銀行的經驗中看到的。政治人物可能會設法延長他們在企業內部扮演的誘人角色，這對企業並不是件好事，同時也暗示國家將不會快速撤出企業。

• 還有一種風險是，那些如果不接受國家入股就沒有未來的企業會留下來。這可能是因為他們在新冠危機前就是因為零利率政策才能苟延殘喘，或者在新冠危機後的新世界裡，對於他們的服務與產品將不再有需求。經濟學家稱這樣的企業為「殭屍企業」，這類企業的急遽增加是近年內生產力開始下滑的原因之一。[1]而進一步的「殭屍化」會增強這個趨勢，並且不利於未來成長。

我們面對的威脅是從後門偷溜進來的系統變革。這至少應

1　Bank for International Settlements, "BIS Quarterly Report September 2018". 連結：https://www.bis.org/publ/qtrpdf/r_qt1809_de.htm

該受到批判性的檢視，因為它的副作用將會很顯著：集中度提高、對大企業的偏愛，以及政府影響力而非企業效率的增加。對此我們應該採取不同策略。

一場人為的經濟昏迷可能是解決辦法

讓我們提出一個問題：我們需要做什麼來阻止這場危機並預防另一次的經濟大蕭條？就我來看，必須從解決企業生存問題的措施開始，從自營業者開始，然後上升到全球性企業。

我從這場大流行病的一開始，就在各篇文章中說明如何做到這一點，[2] 那就是我們必須讓經濟陷入人為的昏迷狀態。我們從醫療領域中知道了這點：「人為導致的昏迷是長時間的全身性麻醉，可能持續數天，極端情形下甚至持續數週。由於麻醉劑及止痛劑的藥效，患者被置於一種意識與疼痛都關機的受控制狀態。」在經濟學意義上，這意味著將一切經濟活動暫停一段時間。薪資、租金、利息，全部取消。我們只要假裝在經濟上 1 年中有 1 季消失了就行。在這段期間內既沒有銷售也沒有承諾。

舉個例子：一間咖啡店的老闆因為被迫歇業而再也付不起

2　SPIEGEL (online), "Versetzt die deutsche Wirtschaft in ein künstliches Koma!", 22 March 2020. 連結：https://www.spiegel.de/wirtschaft/soziales/corona-rettungsplan-versetzt-die-deutsche-wirtschaft-in-ein- kuenstliches-koma-a-14514605-cb48-476c-9383-72616c21e2dd

租金。地主放棄向他收取租金，作為回報，地主則不用付任何的利息或本金，而銀行也不用付薪資或利息。一切都停止了。如果我們將一切經濟活動暫停 3 個月——如果我們假設這場昏迷將持續這麼久——我們可以從停止的地方重新開始，假裝中間消失的時間並不存在。

不幸的是，這種事只有理論上可行。實際上，我們無法讓經濟完全停擺，我們還是會有實際的支出——例如食物。許多人無論經濟大環境的情況如何都有收入，領取年金的退休人士即是一例。也因此我們必須實施那些盡可能接近人為昏迷狀態的措施。

這意味著我們補償那些因為疫情而收入很少或沒收入的人時，必須盡可能遵循讓經濟陷入人為昏迷的原則。這可以避免陷入昏迷期之後的困苦艱難。沒有任何新的承諾。我必須再次強調。必須做到好像這一季不曾存在過一樣。

政治人物正以貸款或國家對企業直接投資的形式提供流動性援助，但是這並不符合上面提到的經濟昏迷的要求。當受影響的人們和企業從昏迷中醒來時，他們將必須面對以前沒有的財務負擔，而且那常超出他們的承受能力。餐廳、旅館、旅行社和戲院（這裡僅舉出幾個例子）尤其無法彌補損失的銷售額。一個人也許可以晚幾個月買車，但他們可不會加倍光顧某家餐館，以彌補他們這幾個月錯過的大餐。

對於收入損失的補償

所以作為一個社會，我們必須補償銷售上的損失。當然，我們不知道確切的損失是多少，但是我們了解納稅人。此外，我們還可以自信地假定只有納稅人才會受到這場經濟重挫的打擊。

根據收入不同，有不同的納稅群體：

• 針對受雇者，如果失業，收入將由社會給付來補償。除了來自貸款的私人財務義務之外，不應該有其他的商業義務。在這裡我們可以想像暫時增加固定費率的失業給付，以及短時工作者的報酬。這應該從第一天就開始發放。在這方面，大多數國家都提供了某些支持。即使是在社會體系不如歐陸全面的美國，政府也決定立即提供支持。

• 針對繳納所得稅的自營業者與企業，過去幾年的收入是已知的，因為稅務官員可從所得稅申報書得知。在經濟持續處於昏迷期間，稅務機構應將等同於上一年度營業額 1/12 的金錢按月撥入公司帳戶。

• 同樣的做法也適用於繳納公司稅（corporate tax）的企業，他們也應該得到所有的收入。

關鍵是要在無需任何申請程序或進行資產調查的情況下完成這項工作。

在接下來的一年，所有收到國家撥款的公民都必須向稅務機關說明他們在 2020 年的業務發展狀況。受款人將負有以下的償付義務：

• 如果達成的收入（包括從國家獲得的收入損失撥款）等同於 2019 年的收入，受款人可以留下這筆款項，只要繳納由此產生的利潤的稅金即可。

• 如果產生的收入（包括獲得的收入損失撥款）超出 2019 年的水準，那麼多出維持 2019 年收入水準所需的撥款部分就必須歸還。利潤的課稅方式仍照往例。

• 如果受款人保留部分或全部政府撥款，那麼利潤將以 2019 年水準為上限。所有超出的利潤都將充分課稅。這會鼓勵企業不要大幅削減成本或裁員。

無論是哪種方式，這個模式都將保證 2019 年的銷售水準。如果他們不需要這些撥款，企業主也可以立即返還這筆損失銷售額的補償撥款。最遲他們必須在繳交 2020 年稅務申報單時返還他們收到的不需要的資金。政治人物也應該提供誘因，促使人們立刻歸還不需要的損失營業額撥款，例如 1 個月內還款者給予現金折扣。

這個做法的好處顯而易見：在經濟上，它產生了類似昏迷的效果，而且易於執行。一旦危機平息，那些收到不需要撥款的人就會在繳納他們的所得稅後將款項歸還國家。

這樣做公平嗎？也許就個別情況來看是否定的，但就大多數情形來看，是公平的。當然了，即使沒有新冠病毒的到來，也許有一些企業還是會出現銷售下滑情形。因為受款人濫用撥款而導致資金損失的情形也會發生。然而，相對於整體規模，我們應該忽視這些特例。也許還有一個風險是，個別受款者會滿足於撥款，於是不再有興趣工作。但這些人更可能是個人企業主，因此數量有限。擁有員工和辦公室或店鋪等基礎設施的企業者不會這麼做，因為這會危及他們企業的長遠經營。所以總的來說，這一點也無關緊要。

這麼做的決定性好處是每家企業都清楚自己的營業額，包括來自國家的匯款。沒有一家公司或企業主需要擔心過多債務，也不需要憂慮國家成為他們的所有者。最重要的是，這個方法沒有官僚程序，而且透明。稅務機關的雇員在危機持續期間都必須集中精力在這個問題上。

如果我們假定將有一季沒有經濟活動，我們談的是理論上最大總量占當年度 GDP 的 25% 數額。然而，實際情況不會如此，因此我估計成本約為 GDP 的 10% 左右。

有效且有效率的「心靈昏迷」

我們正在處理各種問題，它們不但彼此強化，而且整體而言，還將導致經濟的加速衰退。企業不知道這場危機將為它們帶來多少損失，以及會持續多久。他們不知道國家會如何伸出援手，甚至不知道國家會不會這樣做，他們擔憂長期的後果。如果人們未來必須償還債務，或得擺脫政府這個共同所有者，那麼他將會盡一切可能阻止這件事發生。因此，人們會削減成本，即使這麼做的後果是加劇這場危機。因此昏迷法是更好的方法。

在今天的低利率環境下，這個短期融資的支出對政府一點也不是問題。所有選擇提供信貸和股權的政府都將在未來面臨貸款大赦的合理要求。他們應該遵循這條路徑，並決定誰該付帳，以及怎麼付。

第 5 章

已經關閉的必須重新開啟

783.134
458.274
.120
459.192
76.43

- 關於未來的3個劇本
- 一個預測模型及其邏輯
- 成本與收入
- 保留一點力氣從昏迷中甦醒

　　好消息：新冠危機會有結束的一天；壞消息：但花的時間可能比我們想像的更久。我們最終面臨的究竟是衰退（recession）還是蕭條（depression），要視經濟休克持續的時間、經濟休克的衝擊波在系統中擴散的強度，以及這些因素如何彼此強化而定。

　　也因此，在接下來的章節裡，重點將放在我們在新冠危機結束後該做什麼。本章主要討論當健康相關措施結束時，也就是當人們可以自由生產與消費時，我們應該採取什麼措施。企業與個人可以這麼做並不代表他們將會這麼做。這是因為 COVID-19 帶來深遠的傷害，削弱了人們快速返回到此前現狀（status-quo ante），也就是回到疫情前事態的意願和能力。

　　這個結論的基礎也來自對過去 12 場大流行病的全面性研究，黑死病、西班牙流感和 SARS 均包括在內。在所有這些個案中，經濟活動均長期受到了嚴重抑制。[1]

關於未來的 3 個劇本

　　除了從樂觀、現實與悲觀的角度來討論可能出現的情景外，我們別無選擇。哪個劇本將成真呢？我們不知道。公眾討

1　Oscar Jorda, Sanjay Singh, Alan Taylor, "Longer-run economic consequences of pandemics", March 2020. 連結：http://ssingh.ucdavis.edu/uploads/1/2/3/2/123250431/pandemics_jst_mar2020_.pdf

論的內容主要是關於這些選擇：

• 樂觀主義劇本：因為對於公共生活的限制，包括禁止行使移動自由及將社會接觸降至最低，我們成功地遏制了病毒。在 4 到 6 週後，我們就能回到正常生活。

• 現實主義劇本：這些限制措施的效果只是暫時的。一旦放寬限制，病例數就立刻急劇上升，迫使公共生活再次受到限制。我們現在面臨的是一個放鬆與收緊措施交替實施的更長期階段。

• 悲觀主義劇本：限制一放寬，疫情就立刻大幅惡化。因此，政府繼續維持相對嚴格的限制措施，並因此對經濟產生了持久影響。

當你讀到這本書時，你會比寫作這本書時的我知道得更多。樂觀主義者很可能是對的。不幸的是，悲觀主義者不幸言中的機會也不小。

哪個劇本會成真取決於一些因素，但是就連我或甚至是病毒學家也無法做出判斷。我們越快開發出疫苗或是擁有越有效的藥物，就能越快恢復正常生活。另一個重要的衡量標準則是醫療量能。例如，如果可用的加護病床和呼吸器的數量能倍增，那麼醫療體系就能收容更多的病人。而醫療照護體系的量能越大，我們為了避免病患數字增加得太快而不得採取的措施就會越少。然而，即便我們選擇了這條路，也需要數個月，甚至數年的時間才能達到所要求的量能。

剩下的希望就是疫苗問世或發現治療病毒的藥物了，但就算很快達成目標，我們也已經承受了極大的經濟損失。

一個預測模型及其邏輯

倫敦帝國理工學院（Imperial College London）的研究者建立了一個已被納入政治決策過程的模型。在建立這個模型時，研究者使用一個開發目的為分析流行性感冒的既有模型。基於對潛伏期和感染率的預設，他們得出了「乘數（multiplier）」為 2.4 的計算結果。這意味著假設沒有免疫力也沒有採取預防擴散的進一步措施，每個病人平均可感染 2.4 人。

根據這個模型，我們可以假定，在 3 到 4 個月內將有相當高的人口比例受到感染——高達 80%。[2] 而在這些感染者中，有 4.4% 的人病情嚴重到必須住院。其中又有 30% 的住院者將需要住進加護病房。這些是將中國的經驗運用於當地人口的年齡結構所得出的結論。

以德國為例，我們現在談到的是大約 289 萬名患者及 86 萬床加護病床的需求。即便有可能將病例數量平均分配到 3 個月裡，我們還是需要大約 100 萬張額外的病床來應付新冠病毒

2   The Economist, "In Europe, and around the world, governments are getting tougher", 19 March 2020. 連 結：https://www.economist.com/briefing/2020/03/19/in-europe-and-around-the-world-governments- are-getting-tougher

患者。相形之下，德國的病床總數是 49 萬 7,000 張、加護病床總數是 28,000 張。然而 80% 的床位已滿，因為我們不可能一直預做準備，只為了應付極端緊急狀況時大量增加病床數的需要。3 月中德意志銀行的計算指出，即使病毒在德國的傳播受到抑制，5 月中後也沒有任何加護病床可以釋出，而 6 月初後就再也無法釋出任何醫院病床。[3] 從 4 月底的情況看來，由於社交距離措施似乎發揮作用，死亡人數仍維持很低，德國似乎設法避免了這一切的發生。

中國官方公布的死亡數字介於感染人數的 0.5% 至 1.5% 之間。但考慮到歐洲人口的平均年齡較高，倫敦帝國理工學院的研究者預設的死亡數字為 0.9%。正如我們所知，高齡者是感染病毒的高危險群。因此人口老化程度為歐洲之最的義大利受創程度更甚於中國也就不令人意外了。根據這個預設，人口老化程度為歐洲第二的德國可能面臨 59 萬人死亡的結果。

假定病人無法得到適切的照顧，無法排除死亡人數從 59 萬飆升至 87 萬的可能性。這個數字是基於一個十分悲觀的預設，即所有需要加護病房床位的人都無法得到床位，並且因此死亡。

這個至少 28 萬的死亡人數差距就是我們必須對抗新冠病

3　F.A.Z. NET, "Bis wann reichen die Krankenhausbetten?", 13. March 2020. 連結：https://www.faz.net/aktuell/wirtschaft/corona-in-deutschland-bis-wann-reichen-die-krankenhaus-betten- 16676537.html

毒的原因。此外，如果可以限制住疾病的擴散，一些在目前的治療下原本會損失的生命，就會因為新疫苗的誕生或有效藥物的越來越容易取得，或是這兩個因素的結合而得以挽救。可能拯救的生命估計達到 50 萬人。

　　研究人員的發現也支持了這個計算結果。這些發現表明，採取劇烈措施來減緩和限制病毒的擴散是正確的，然而，這並不能完全排除風險。一旦放鬆社會限制措施，感染率就會再次升高並導致病患人數再次以指數方式倍增。我們希望只有那些從前沒有感染過的人才會生病。再者，根據研究者的計算，我們可能將在 2020 年秋天面對第 2 波的感染潮。因此在開發、測試並廣泛施打疫苗前，推測嚴格的限制將持續下去，而這可能最多長達 2 年。

　　然而，其他的研究者則帶來更多的希望。根據來自波士頓大學（University of Boston）的專家指出，倫敦帝國理工學院傳染病學者所持的預設過於悲觀。波士頓大學的專家認為，如果新感染人數很少，那麼只有受到影響的人需要進行防疫隔離，以避免進一步感染。然而，正如我們在南韓的例子中看到的，一個必要的先決條件是針對人口進行廣泛檢測。[4]

　　劇情的發展取決於我們無法確定評估的各種變數，像是病

4　Welt, "Wir müssen Menschenleben und die Volkswirtschaft gleichzeitig retten", 22. March 2020. 連結：https://www.welt.de/debatte/kommentare/article206709335/Gastbeitrag-Wir-muessen-Menschenleben- und-die-Volkswirtschaft-gleichzeitig-retten.html

毒的傳染性如何、防疫措施是否足以限制擴散並使得我們在未來能夠輕易隔離個別病例,以及要花多久時間才能找到有效的醫療解決辦法等。

結果最終取決於人民的守紀律程度。儘管亞洲政府已採取激烈手段強制數百萬公民進行檢疫隔離,但是在西方社會中這可能沒那麼容易做到。根據倫敦帝國理工學院的計算,這需要至少 50% 至 70% 的公民配合,否則結果可能比這些計算假定的還要糟。

成本與收入

無論何種發展,我們都無法永遠阻止私人活動與經濟活動。改弦易轍的壓力會增加,對限制的接受度會減少。因此,我樂觀地認為,當你們讀到這本書時,我們已經度過了新冠危機的此一階段。

人們將不只從情感的角度衡量病毒造成的損失,也會越來越常用經濟的角度來計算。讓我們以德國為例:截至 2020 年 3 月中,估計病毒造成的經濟損失已達至少 1,520 億歐元。根據總部位於慕尼黑的德國 Ifo 經濟研究院(Ifo Institute)指出,每額外延長 1 週,病毒就會造成 250 億至 530 億歐元的 GDP 損失。因此,3 個月的減少活動將很快造成約 7,000 億歐元的損失——這是 GDP 的 20%。[5] 其他地區的前景看來也好不到哪裡去。美國高盛銀行（Goldman Sachs）預期這將會是美國史上最嚴重的經濟重挫，全球經濟可能陷入衰退。[6] 這意味著在世界各個角落，人們都正在失去收入與工作。這對生活在已開發國家的人是個痛苦的經驗，但對開發中國家而言，則成了生存問題。例如，由於全球紡織品鏈取消了服裝訂單，數百萬亞洲人失去了他們的工作。根據聯合國說法，非洲可能會失去一半的工作。

人們將無可避免地面對一個問題：限制措施對於經濟造成的損失及長期的相關影響，其重要性是否勝過所拯救的相對為數不多的人命。假定這些措施設法拯救了 28 萬人的生命，根據上面簡化而粗略的計算，這些人會死亡的唯一因素是缺乏加護病房設施，那麼這就意味著平均每人介於 54 萬至 250 萬歐元間的社會投資，總計介於 1,520 億至 7,000 億歐元之間。

如果我們考慮大多數病患為老人，預期壽命有限——65 歲者約 20 年，80 歲者約 10 年——，那麼每一年壽命的預期成本將介於 27,000 至 250,000 歐元之間。

當然，以這種精打細算的方式來衡量人類壽命的價值極具

5　ifo Institut, "Corona wird Deutschland Hunderte von Millionen Euro kosten", 23. March 2020. 連結：https://www.ifo.de/node/53961

6　F.A.Z. NET, "Ökonomen erwarten Wohlstandsverlust von bis zu 700 Milliarden Euro", 23. March 2020. 連結：https://www.faz.net/aktuell/wirtschaft/konjunktur/oekonomen-zu-corona-bis-zu-700-milliarden- euro-wohlstandsverlust-16692391.html?premium=0x5f9cfd92 4e981480fa33c5e35ac20c16&GEPC=s5

爭議性。然而，在其他情況下，這種事卻是稀鬆平常，計算意
外事故賠償金額即是一例。舉例來說，紐約 911 攻擊中的受難
者遺屬得到了 25 萬至 600 萬美元的賠償，確切金額視年齡及
受難者職業而定。[7] 即便在最極端的劇本裡，我們離 600 萬這
個數字都還很遠，但也已經超過了 25 萬美元的數額。

　　另一個潛在基準可能是 QALY。這個縮寫代表的是生活品
質調整生命年數（quality adjusted life years），是英國國家健
保局（National Health Service，NHS）用來評估新療法價值的
衡量方法。只有生活品質調整生命年數成本少於 2 萬至 3 萬英
鎊的療法，才會獲得健保體系的給付。

　　但如果最後發現我們預測的死亡率被大幅高估，實際上我
們面對的死亡率不是 0.9%，而是較接近 0.3% 呢（史丹佛教授
約翰·P·A·約安尼迪斯〔John P. A. Ioannidis〕並不認為這
個數值脫離現實）？如果我們採信較高的死亡率，我們每拯救
一條人類生命就已經花費超過 150 萬歐元。如果採信較低死亡
率，這個數字則會高達每條人命 750 萬歐元。約安尼迪斯談到
在沒有足夠資料支持我們決策的情況下，我們正在將自己推向
可能「慘敗」的結果。[8]

7　Makronom, "Wie viel 'kostet' ein Mensch?", 20. May 2019. 連結：https://makronom.de/wie-viel-kostet- ein-mensch-31010

8　STAT, "A fiasco in the making? As the coronavirus pandemic takes hold, we are making decisions without sufficient data", 17 March 2020. 連結：https://www.statnews.com/2020/03/17/a-fiasco-in-the-making-as- the-coronavirus-pandemic-takes-hold-we-are-making-decisions-without-reliable-data/

　　當這種推論占上風時，這種觀點就會出現，只因為人們不再認為真實的經濟與社會後果及利益相關了。經濟與社會損害正在成為現實：企業正在破產、人們失去工作、自營作業者無以為繼。家暴、自殺增加了，陷入貧窮的家庭與兒童越來越多。這種程度的社會創傷將導致人們在沒有適當證據支持的情況下放寬限制。政治人物應該要對這種觀點戒慎恐懼，尤其是如果事情結果正如約安尼迪斯所懷疑的那樣時。

保留一點力氣從昏迷中甦醒

　　一旦我們重返正常的生活軌道，經濟應該就會開始復甦。就業、消費和投資都將重新開始上揚。我們可以指望經濟的自癒能力發揮作用。人們將再次踏出家門，上餐館、上戲院、去旅行，並將危機時期沒有從事的消費活動補上。

　　有些人的手邊甚至會有更多的資金，因為他們在社會限制期比較少花錢。但是人數加總起來占人口相當大一部分的其他人，口袋裡的錢則會變少。因為失業、短時工作（short-time work）及損失的銷售額都讓他們受創慘重。這是我們需要額外措施來振興經濟的原因。我們需要讓公民有更多的購買力，同時幫助企業應對危機對財務造成的影響。

　　刺激需求的辦法很多。從暫時降低對個別產品徵收的增值稅（VAT）——我持懷疑的態度——到發放代金券都屬於此類措施。削減增值稅產生的價格效應十分值得懷疑,因為賣家沒有義務要將削減的稅額回饋給消費者,只是價格降低幾個百分點並不會對需求產生大幅影響。削減增值稅的價格效應只會在大型採購上發揮作用,例如汽車。然而,在目前的形勢下,我們將需要層面更廣泛的需求復甦。

這就是為何向大眾發放的代金券會是個有趣的構想。代金券應有一定的有效期限,例如,代金券發放 3 個月後即失效。這會產生立即的效應。錢將立刻進入流通,而不會被拿來儲蓄。應立即實施代金券措施。直接向所有公民發放一定數額的金錢是代替代金券的一種做法。這做法比較容易執行,但效果不如代金券,因為人們會把拿到的大部分金額存起來。

批評人士會立刻指出,向全民大灑代金券的做法並不公平,因為富人和高收入族群不需要這筆錢。但是反過來,人們也可以說領取年金的退休人士和公務員根本沒有因為疫情而承受任何財務損失,因此他們不該領取代金券。這些批評都沒有切中要害。發放代金券的目標是要立即提振需求。消費券是達成此一目的的最佳辦法。如何籌措資金及這筆錢未來該由誰來負擔則是另一個話題。我稍後將就此進行更多探討。

然而,這還不夠。從自營作業者到大型企業,疫情將對企業造成十分可觀的損害。由於政治人物不幸地沒有遵循「人為昏迷」原則,許多企業將面臨龐大債務負擔,或不得不讓國家成為共同所有人。這將對企業產生持久影響,抑制投資活動,並因此在未來的幾年裡減緩經濟發展。因此,必須全面實施債務延期償付(debt moratorium)。債務減免(debt relief)措施至關重要,必須及早宣布實施才好。因依賴信貸而造成的損害已無法逆轉,但至少能獲得減輕。

同樣地,也會有人批評債務減免形同當散財童子,把錢送給那些最不需要錢的人。然而,這種批評並不正確。許多中等規模的企業主冒著風險將私人資產投入他們的商業活動,他們應該得到相應的保護。正如為消費券籌措資金一樣,補償可以個別的方式進行,如此一來,經濟衝擊的負擔將可得到公平的分配。

第6章

歐元區：高風險患者

3月中旬，當疫情在義大利已肆虐數週時，一位歐洲的熱情支持者，同時也是德國的盟友傳來了一個訊息，令我受到極大的衝擊：

「這是個艱難時刻，但也是展現道德偉大情操的時刻。我們義大利人在這場危機中應對得宜。人們表現得十分平靜，街上空蕩蕩的，超市裡則擠滿了人，甚至連復活節蛋糕都沒缺貨。當然了，直到最近人們都還想像不到自己會被困在自己的公寓中，或是像倫巴底這樣的大區會整個停了下來。我認識的每個人都在為經濟重啟做準備。人們普遍的心情是我們會從危機中站起來，變得更強大。

「我們警告過你們接下來會發生什麼事。但你們不聽我們的，還質疑我們的做法。現在，歐洲每個人都在遵循我們立下的嚴格檢疫隔離範例。我們會永遠記得歐洲在我們最需要的時候撇下了我們，對於我們巨大的人命損失，我們甚至沒有得到任何有意義的同情。我們永遠不會忘記伊莎貝爾·施納貝爾（Isabel Schnabel，按：歐洲央行執委）和德國央行（Bundesbank）的傀儡拉加德女士（Lagarde，按：歐洲央行總裁）是如何令我們失望。危機過後，義大利看待歐洲的眼光將全然不同。就連幫助建立歐洲的自由主義菁英都對歐洲產生了深深厭惡，而他們幾週之前還是歐洲最熱情的支持者。然而，這次我們是認真的——歐洲背叛了我們。」

當然，這個訊息並不具代表性，但卻令人深思。如果連親歐人士（他們應該知道施納貝爾和德國央行在歐洲央行內從來不是發號司令的角色）都有這種感受，這表明了歐盟和歐元區在這場疫情面前有多麼脆弱。

孤立無援的義大利

確實，歐洲對義大利的援助既不多也不及時。對於醫療物資支援的猶豫不絕，包括禁止從德國出口口罩，都不是夥伴應有的作為。自從 3 月底以來，德國已開始運送醫療設備，包括 300 台呼吸器給義大利。然而於事無補，壞印象已經造成。義大利沒有得到歐洲夥伴的幫忙，反而得到了來自中國、俄國及古巴的支持。[1]

從 2019 年秋天起在馬里奧·德拉吉（Mario Draghi）後繼任歐洲央行總裁的拉加德說，歐洲央行的角色不是處理歐元區政府債券的風險溢價（利差）。儘管這受到強硬派人士的歡迎，尤其在德國，但這是在錯誤的時機發表了錯誤的聲明。這向資本市場釋放一個訊號，即歐洲央行不認為需要對歐元區內的所有國家負責。義大利債券的風險溢價迅速上升，達到 4 個星期前的 2 倍之多。難怪歐洲央行迅速改弦易轍，拉加德女士與之前的聲明撇清關係，並宣布新一項 7,500 億歐元的購債計畫，

1　tagesschau.de, "Gemeinsam für Italien", 23. March 2020. 連結：https://www.tagesschau.de/ausland/corona-hilfen-italien-101.html

這項新的計畫被稱為緊急疫情購債計畫（Pandemic Emergency Purchase Program，PEPP）。[2]

這 7,500 億歐元是既有購債計畫中的最新一項，預計將在 2020 年底前全部使用完畢。這意味歐洲央行每個月將花費至少 1,000 億歐元購買債券，規模更甚於以往。此外，由於在既有的規則框架內越來越難找到足夠的債券，因此規定也已經放寬。除了希臘公債之外，歐洲央行現在也可以買進公司債及貸款。「管理委員會將在其授權範圍內盡一切的努力，」拉加德宣布，從而重申了歐洲央行前總裁德拉吉曾做出的「不計一切代價」承諾，他正是透過此舉成功在 2012 年挽救了歐洲貨幣聯盟。

順道一提，德國公債利率也在危機剛開始幾週時上升了，與人們直覺預期的情況正好相反。上升的公債利率顯示資本市場認為德國將面臨額外的高昂財政義務。在如美國等其他國家，情況則正好相反。儘管債務顯著增加，利率卻下降了。這種分歧顯示德國的財政負擔要不是會比其他國家高得多，要不就是將避免不了危及歐元區和歐盟生存的風險。

2　Welt, "EZB holt im Kampf gegen das Virus eine neue Bazooka raus", 19. March 2020. 連結：https://www.welt.de/wirtschaft/article206646325/Corona-Krise-EZB-kuendigt-Anleihekaufprogramm-fuer- 750-Milliarden-an.html

危機前的歐盟和歐元已經疲弱不振

歐盟與歐元在進入危機前並不是處於強勢狀態。相反，過去 10 年來，相對的經濟停滯已經導致許多國家的日益不滿。在深陷危機的義大利，不滿情緒尤其高漲，正如我們已經看見的，義大利的平均每人經濟產出仍停留在上世紀 90 年代末的同一水準。該為此負起責任的也許不只是歐元。然而，貨幣聯盟的架構也沒有讓應對經濟挑戰變得容易些。

在新冠病毒危機前，有 36% 的義大利人說歐元對國家不利。即使不是先知，人們也能做出結論：疫情危機及義大利人對於歐洲人和歐洲央行見死不救的普遍情緒，將會進一步增加持此意見的比例。

但這就必然意味著歐元的末日嗎？不，但它增加了一個尚未走出歐元危機餘波的貨幣聯盟所承受的風險。這是因為至今為止，人們對這次危機的實際原因不是未能理解，就是否認它們，也因此，對於這次危機的政治回應不是不夠完整，就是錯誤連連。

歐洲各國對於歐盟的滿意度並未升高，近年來歐盟不盡如人意的發展也讓它自己留下了傷痕（頁 107 圖 7）。

圖6　在成員國中，多數人對歐元的評價是「對我的國家有好處」

圖中數字為按回應人數百分比表示 2019 年的評價，並與 2018 的百分比進行比較，未顯示回答「無法評價」與「不知道」者

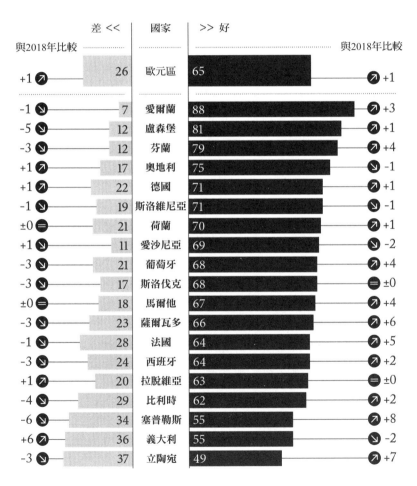

資料來源：*Eurobarometer November 2019*：*https://ec.europa.eu/
commission/presscorner/detail/en/ip_19_6402*

圖 7　成員國大多數人對歐盟抱持好感
圖中數字為正、負面態度占受訪者的百分比（未顯示回答「不知道」者）

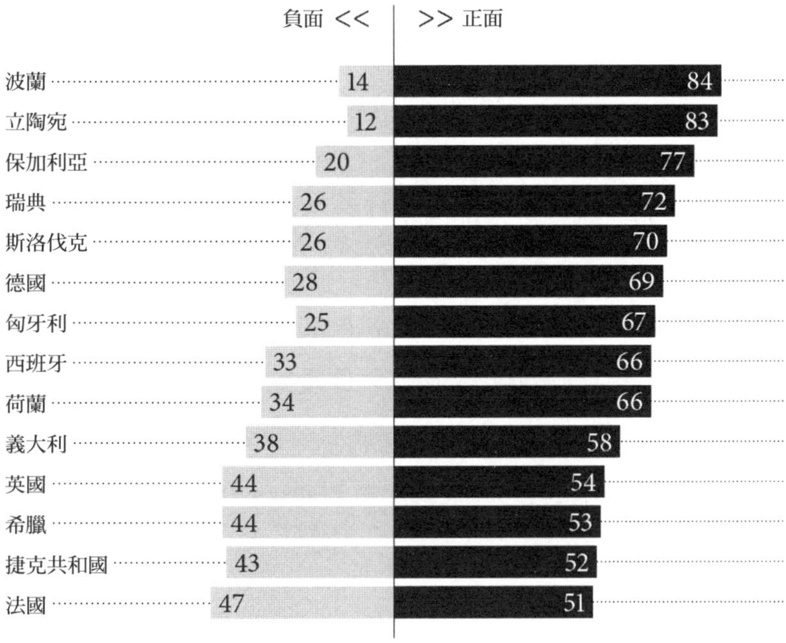

負面 <<　|　>> 正面

國家	負面	正面
波蘭	14	84
立陶宛	12	83
保加利亞	20	77
瑞典	26	72
斯洛伐克	26	70
德國	28	69
匈牙利	25	67
西班牙	33	66
荷蘭	34	66
義大利	38	58
英國	44	54
希臘	44	53
捷克共和國	43	52
法國	47	51

資料來源：*PEW Research Centre, European public opinion three decades after the fall of communism, October 14, 2019, 14. October 2019*：*https://www.pewresearch. org/global/ 2019/10/14/the-european-union/*

　　有意思的是，英國不是對歐盟評價最負面的。法國對歐盟尤其持批判態度，因此，2020 年秋季時的調查應該會顯示出一幅更負面的圖像。歐盟危機管理的災難性後果已經顯示在義大利的民調中。在 3 月 25 日的民調中，有 42% 的義大利人認為歐盟在克服疫情危機上成了絆腳石，而這會是離開歐盟的一個好理由。[3] 在另一項調查中，有 67% 的人對歐盟成員身分持負面態度，相較於 2018 年 11 月的調查上升了 10 個百分點。[4]

　　歐元和歐盟的支持率下降的原因在新冠危機發生前就已經很明顯——歐盟：

• 直到 2019 年秋天都尚未從金融及歐元危機的損害中恢復元氣。

• 仍然不願承認英國脫歐大幅削弱了歐盟。

• 未能實現創造財富及確保外部邊界安全的最重要承諾。

• 對政治優先事項的設定錯誤。

　　結論是：歐元區和歐盟對於應對新一輪經濟衰退的準備極其不足。

3　Governo italiano, "Sondaggio Politicale Elettorali". 連結：http://sondaggipoliticoelettorali.it/GestioneSondaggio.aspx

4　Governo italiano, "Sondaggio Politicale Elettorali". 連結：http://sondaggipoliticoelettorali.it/GestioneDomande.aspx

為何歐元行不通？

　　根據美國銀行摩根大通的一項研究，這個貨幣聯盟的成員
國在經濟上的共通點微乎其微，還不如一個由全世界所有國家
組成、以英文字母「M」開頭的假想貨幣聯盟所擁有的共通點
來得多。這可以從幾個標準加以評估，例如競爭力，尤其是單
位勞動成本、薪資及生產力，經濟週期的同步性，以及參與國
家是否在這些面向上向彼此靠攏的問題。

　　不同的研究得出了相同結論。儘管從決定引進歐元到
2000 年為止的那段時間，我們確實是「向彼此靠攏」，但是
從 2000 年起，成員國之間就逐漸產生了分歧。由 IMF 執行的
研究指出，強國越強，因為它們相對上更具生產力與創新能
力，然而弱國卻越弱。[5]

　　歐元的歷史很快就講完了。隨著歐元的引進，歐洲各國的
利率開始顯著下降——朝向德國那種較低利率水準的方向。這
是因為人們預期歐元將會是和德國馬克一樣穩定的貨幣，也就
是說，相較於過去，西班牙、義大利、法國和葡萄牙的通貨膨
脹率將會明顯穩定，並且更低。然而，由於通貨膨脹率下降的

5　International Monetary Fund, "Economic Convergence in the Euro Area: Coming Together
or Drifting Apart?", 23 January 2018.　連 結：https://www.imf.org/en/Publications/WP/
Issues/2018/01/23/Economic- Convergence-in-the-Euro-Area-Coming-Together-or-Drifting-
Apart-45575

速度不如利率，實質利率——也就是名目利率減去通貨膨脹率——會變成負數，這大力提高了舉債的動機。

儘管像義大利等國家減少政府預算赤字的壓力較小，但在尤其是葡萄牙、愛爾蘭和西班牙等其他國家，私人債務卻蓬勃發展。同時伴隨出現的是房地產市場的興旺，因為銀行最喜歡的莫過於一般認為風險較低的房地產了。這成了一場自我強化的經濟繁榮的起點。房地產價格上漲了，顯示出投機有多麼安全，房地產價格的持續上揚，甚至帶來了更多的信貸融資需求。在這同時，建築業也開始繁榮起來，從而刺激了整個經濟，並進一步推升房地產需求。泡沫破裂只是遲早的事。引爆裝置——但並不是原因——是希臘承認他們的政府債務水準已明顯高於之前官方承認的水準。直到德拉吉做出了他「不計任何手段」拯救歐元的著名承諾，對於歐元的信心危機才告一段落。

既然沒有人能夠成功對抗一個可以向市場大量傾倒任意數量自身貨幣的央行而進行投機，那麼歐元危機自然就結束了。或者，至少看上去是如此。實際上，危機仍持續醞釀，迫使歐洲央行繼續實施低利率政策。

自從歐元危機開始以來，成員國就一直試圖糾正這種債務融資過度興盛所帶來的後果。這需要恢復競爭力並讓銀行財務重新恢復健全，削減繁榮時期累積的壞債。這是個痛苦、漫長的過程。最重要的是，這過程不會導致成員國之間進一步的趨同，反而會造成進一步的分歧。

歐元區成員國之間的共通點越來越少。一方面考慮到：

- 作為另一個版本的日本，義大利已經經濟停滯了20年。

- 西班牙在房地產泡沫破裂後不得不大幅增加政府債務。

- 葡萄牙，國家和私人部門都處於高債務水準，根據歐元區專利註冊數目推算，創新力也是最低的。

- 最後是希臘，儘管經過債務重組並得到來自貨幣聯盟其他成員國的支持，債務水準依然很高。

但是另一方面，我們也有荷蘭和德國這樣的國家，它們國際競爭力的提升也多虧了歐元。法國落在兩者之間，經濟不像危機國那樣疲弱，但也不像那些東部鄰國那樣強健。

就和1865年拉丁貨幣聯盟（Latin Coin Union）的情形一樣，我們必須說，擁有國家主權的異質國家是無法透過貨幣體系而整合的。同樣地，正如當時的情形，我們可以假定人們將盡一切可能手段保住貨幣聯盟，因為它的成員國擔心脫離它所要付出的代價。[6]

歐元區在混亂中解體的代價會十分巨大。熟知內情的研究預測，若此事發生，全球金融體系及經濟所承受的衝擊將甚於

6　Flossbach von Storch RESEARCH INSTITUTE, "Die lateinische Münzunion – ein Präzedenzfall für den Euro", 16. May 2019. 連結：https://www.flossbachvonstorch-researchinstitute.com/fileadmin/user_upload/RI/Studien/files/studie-190516-die-lateinische-muenzunion.pdf

金融危機。[7]

　　政治對於此一情景的迴避並不令人意外。唯一的問題是，政治也沒有阻止它的實現。IMF 說，所有透過連帶責任（ESM〔歐洲穩定機制〕，銀行聯盟）及逐漸增加的重分配（例如透過一個聯合失業保險體系）來穩定歐元的努力都會失敗，因為它們無法達到要求的規模，也沒有改變歐元的根本設計缺陷。[8]

　　問題並未隨著時間過去而減少，而是越積越多。債務仍維持在太高水準，面對停滯且迅速萎縮的勞動市場，經濟成長越來越低，生產力增長也很低。出現新的緊張局勢與危機只是時間的問題。長遠來看，一個無法維持的局面終究會有運作不下去的一天。

為何歐盟行不通？

　　2019 年秋天，歐盟的表現也沒有好到哪裡去。它一直沒達成它自己過去 20 年的目標。2000 年 3 月，在里斯本舉行的一場特別峰會上，歐洲各國首腦採納了一項計畫，該計畫將使歐盟「在 2010 年時成為世界上最具競爭力和活力的知識型經

7　Deutsche Bank, "Understanding Euro-Zone break-up – how much would the Euro drop", 9 March 2017. 連結：https://think-beyondtheobvious.com/wp-content/uploads/2017/03/DB-Understanding-Eurozone- break-up-09.03.17.pdf

8　International Monetary Fund, "Toward a Fiscal Union for the Euro Area", 25 September 2013. 連結：https://www.imf.org/en/Publications/Staff-Discussion-Notes/Issues/2016/12/31/Toward-A-Fiscal-Union-for- the-Euro-Area-40784

濟體」。這個目標是要改善歐盟相對於日本，尤其是相對於美
國的生產力和創新能力。在這些目標落空之後，2010年又通
過了一個「後繼策略」，目的是在2020年達成這些目標：「歐
洲2020——一個智慧、永續、包容性成長策略」。[9] 這些目標
也沒有實現：

• 歐盟各國的研究支出應為 GDP 的 3%。實際上，研究支
出占 GDP 的百分比更低，僅 2.07%。只有瑞典、奧地利、丹麥、
德國達到要求以上的水準。[10]

• 從相對於人口規模的專利權數目來看，歐盟國家大幅落
後於它們在亞洲、美國和瑞士的競爭對手[11]。

• 全球頂尖百大科技集團中，只有 12 家位於歐盟國家，
其中 45 家位於美國，日本和台灣各自有 13 家。[12]

• 歐盟國家的中輟生人數不應超過 10%。然而德國，尤其
是西班牙、葡萄牙和義大利的數字卻遠高於此一水準。

• 歐洲大學始終未能穩定躋身世界一流大學之林。事實

9   European Commission, "EUROPA 2020 – Eine Strategie für intelligentes, nachhaltiges und
    integratives Wachstum", 3. March 2010. 連結：https://ec.europa.eu/eu2020/pdf/
    COMPLET%20%20DE%20SG-2010- 80021-06-00-DE-TRA-00.pdf

10 Eurostat, "Leichter Anstieg der FuE-Ausgaben in der EU im Jahr 2017 auf 2,07 % des BIP",
    10. January 2019. 連結：https://ec.europa.eu/eurostat/documents/2995521/9483602/9-
    10012019-AP-DE.pdf/054a5cb0- ac62-4ca4-a336-640da396b817

11 WIPO World Intellectual Property Organization, " World Intellectual Property Indicators
    2019". 連結：https://www.wipo.int/edocs/pubdocs/en/wipo_pub_941_2019.pdf

12 Thomson Reuters: "The Top 100 Global Technology Leaders".   連結：https://www.
    thomsonreuters.com/content/dam/ewp- m/documents/thomsonreuters/en/pdf/reports/
    thomson-reuters-top-100-global-tech-leaders-report.pdf

上，英國脫歐後，沒有一家歐洲大學能入列世界前 20 名大學。
歐盟最佳大學在丹麥哥本哈根，世界排名第 26 名。[13]

• 我們距離 2013 年確保每個人都能使用寬頻上網的目標
還差得遠。其他預定目標還有 2020 年達成 30Mbps 更高網速，
以及為 50% 或更多歐洲家庭提供網速超過 100Mbps 的網路。

• 歐洲在生產力提升方面表現得甚至比世界其他地方還要
糟。2000 年以來，南韓的平均每人實際所得已經增加了
63%、美國 27%，甚至連日本也有 17%。荷蘭是歐盟大國中唯
一能達成 18% 成長率的國家。法國和西班牙成長了 14%，德
國 13%。2000 年以來，扣除物價因素，義大利的平均每人所
得竟減少了 3% ！[14]

綜合考慮上述例子，歐盟近年來失去了（或是沒有獲得）
競爭力已經無庸置疑。歐盟在世界 GDP 中占比的發展情況也
許可作為一個指標，這一比例的減少是必然，因為新興市場，
尤其是中國和印度正在迎頭趕上。然而，歐盟所占的市場份額
從遠超過 20% 下降到今天的約 16%，這清楚顯示由於歐盟無
法維持競爭力與經濟實力，導致在世界舞台上的地位迅速下
滑。

13　Shanghai Index, "Academic Ranking of World Universities 2019". 連結：http://www.shanghairanking.com/ARWU2019.html

14　根據世界銀行的資料。數字計算參見 beyond the obvious, "10 Jahre Lissabon-Vertrag – Wie ist die wirtschaftliche Lage der EU heute? Fakten zum Nachlesen", 1. December 2019. 連結：https://think- beyondtheobvious.com/10-jahre-lissabon-vertrag-wie-ist-die-wirtschaftliche-lage-der-eu-heute-fakten-zum- nachlesen/

具體而言，對於公民，這意味歐盟沒有實現其做出的一個根本承諾，那就是進一步創造繁榮。相反，歐盟面對著攸關生存的挑戰：可預見將逐年萎縮的勞動力，未實現的對於高齡化社會的數以兆計承諾，以及生產力提升和創新不足。[15]

因此有相當多觀察者認為歐盟正步入日本的後塵。實際上，歐盟與日本的相似性正變得日益明顯。除了已經提到的例子之外，相似之處還有高負債水準，以及不願大刀闊斧改革已明顯出現病徵的銀行體系。[16]

投資人和金融市場正日益適應這些環境。但是歐盟與日本的比較，在一些關鍵差異處並不適當：

• 歐盟不是單一國家，而是由越來越注重自身利益的不同國家合併而成。

• 成員國的人口不具同質性，也許也不像日本那麼團結。

• 歐元將歐盟成員綁進一個緊密的框架中，讓調整變得甚至更困難，因此讓歐盟更加速步上日本後塵。

如果我們再加上一點：歐盟在為逐漸增強的移民壓力尋找戰略性解決方案時，遭遇到了政治失敗——歐盟內部人口老化，因此人口數目正逐漸凋零，但是在歐盟邊境外，人口卻正

15　European Commission, "Fiscal Sustainability Report 2018", January 2019. 連結：https://ec.europa.eu/info/sites/info/files/economy-finance/ip094_en_vol_1.pdf

16　beyond the obvious, "Folgt Europa Japan in das deflationäre Szenario (I)?", 6. May 2019. 連結：https://think-beyondtheobvious.com/stelters-lektuere/folgt-europa-japan-in-das-deflationaere-szenario-i/

在迅速增加——我們就會發現歐盟生存危機的說法並非言過其實。

這種生存危機很可能在今天發生。新冠病毒打擊的是已然疲弱的歐盟。即便是歐盟最熱情的支持者也必須承認，布魯塞爾那些政治人物並未在疫情危機發生後迅速展現出領導力。歐盟國家沒有聯手應對這次的挑戰，而是各行其是，推出大量的個別措施。他們沒有迅速對受創尤其嚴重的義大利伸出援手，反而好像視而不見。關閉邊境、對醫療用品的出口限制及一些「自掃門前雪」的政策，違背了歐盟自我建立起來的形象。歐盟的生存危機即在於此。

解答：一個更好的歐盟

歐洲密切合作的經濟理路很顯而易見。團結力量大，成員國在國際上會更有政治影響力，歐洲單一市場是世界上最大的市場。因此每個國家都會比單打獨鬥時的情況更好。

但英國脫歐顯然牴觸了這種邏輯。儘管有這些明顯的好處，英國脫歐還是發生了。即便英國有希望在未來繼續與歐盟保持密切聯繫——因為英國巨大的軍事重要性與密切的貿易關係，因此這點格外重要——但英國脫歐對歐盟仍是個警訊。如果理論上的好處持續未落實，也沒有讓眾人周知，壓力勢必將持續增加。離開歐盟後在經濟上取得成功的英國，無疑會是布魯塞爾政治人物們的最大夢魘。

歐盟與歐元正迫切需要改革。然而，在我看來，歐洲菁英們並不認同這種觀點，也沒有對其進行政治上的討論。在這個群體中有一種廣泛的共識，認為我們需要以更多的整合來應對歐盟的每一個問題。這種政治推論使人想起哲學家保羅·瓦茲拉威克（Paul Watzlawick），他曾恰當地指出，手上只有一把槌子的人才會把每個問題都看成釘子。對於歐盟與只關注歐盟的政治人物而言，對每一個危機的答案都是「更多」——更多的整合。但這個答案既不正確，也不符合人們的願望。[17] 因此，如果歐盟想要保住自己及自己的利益（這對歐盟公民而言是肯定存在的），歐盟就迫切需要改變方向。

由於歐盟的問題顯然無法透過更多的錢與更多的中央集權輕易解決，我們可以很容易地確定一個改革議程：

• 透過名符其實的結構性改革來提高經濟成長。我們承擔不起浪費另一個 10 年，歐盟必須達成它為自己設定的目標。

• 透過改變歐盟的政治議程，將財富成長列為優先事項。今天的目標體系專注於管制、計畫經濟（參見氣候政策），以及壓抑競爭。

17　至少這是您必須從調查中得出的結論。儘管有 76% 的德國人肯定成為歐盟成員的好處，但只有略高於 50% 的法國人及 36% 的義大利人有同感。這意味著，有鑑於加入歐盟後所面對的挑戰，對歐盟的支持度並不如人們所預期的那麼強。European Parliament, "Spring Eurobarometer 2019", p. 16. 連結：https://www.europarl.europa.eu/at-your-service/files/be-heard/eurobarometer/2019/closer-to-the-citizens- closer-to-the-ballot/report/en-eurobarometer-2019.pdf

• 將決策過程去中央集權化,而不是中央集權化。盡可能多的輔助性措施,並制定將任務帶回到國家層級的方案。

• 放棄擴張中央集權的想法。由民族國家組成邦聯而不是形成一個超級國家,歐盟公民需要再次感到自己擁有決策權。

• 增加而非減少成員國之間的競爭。增加自身競爭力肯定有好處。過去數百年間歐洲國家間的激烈競爭很可能是此一地區經濟崛起的一個原因。

• 透過保護外部邊境及以個人經濟利益為導向的移民來有效地限制移民。

• 制度的民主化。各歐盟成員國的公民聲音在歐盟議會中所擁有的投票分量差異極大,這種事情不能持續下去。如果想要賦予歐洲議會更多的權利,這一點尤其重要。

我們的目標是一個角色僅限於實現若干核心功能的歐盟,尤其是歐洲單一市場,以及外部邊界和防衛事務的共同防禦。這個改變是可能的,但是歐盟菁英必須放棄過去的做法。然而,他們更有可能堅持既有路線並因此改革失敗,相較於自願改變可能導致的後果,失敗的後果將更具毀滅性。

吃錯藥的「歐元病人」

改正歐元的錯誤必須是改革歐盟的前提條件。因為,正如所顯示的,相較於更緊密的整合,歐元更可能造成歐盟的經濟分裂——從而導致可預見的政治分裂。歐元多年來一直住在加護病房。靠著歐洲央行的廉價資金和日益增加的債務苟延殘喘，醫生們卻束手無策。他們希望奇蹟出現——歐元會自己好起來。

歐元的病床邊有兩派持不同醫學思想的人在爭吵。一派人相信，只要透過再分配凝聚「團結力」，就能讓歐元再次站起來。另一派的人則認為，看看歷史百年以上的南北義大利貨幣聯盟的之類例子吧，這種再分配不僅成本高昂，還會加劇而不是解決問題。

當然，每一派的人都能找到他們正在尋找的專家，用或多或少合適的分析來支持他們想要提出的建議。因此，儘管這些醫生們已經在病人床邊爭論了多年，但什麼事也沒發生。實際的問題（成員國的競爭力水準、停滯的經濟和不斷增加的債務）反而變得越來越嚴重。日益低落的利率掩蓋了實際的影響，但截至目前為止，低利率始終受到德國的歡迎，廉價貨幣，尤其是疲弱的歐元一直協助德國在出口方面獲得成功。

有些在歐元病床邊的醫師就是在等待一場新危機的爆發。危機被認為是「成功的祕訣」，讓歐洲人可以利用危機來推進歐盟及歐元債務共同體的整合。根據沃夫岡·蕭伯樂（Wolfgang Schäuble）所寫的一篇特邀文章，時任德國財政部長的他表示，平時在政治上無法強制執行的措施，（按：危機期間）突然就變得可以接受了。[18]

多虧了新冠病毒疫情，下一場歐元危機就在前方不遠處。讓我們繼續使用醫生治病的隱喻，來自歐元危機國家的醫生們，包括法國，會希望能夠有更多來自那些強國的「移轉（transfers）」，即便根據 IMF 的專家們的計算，一個「資金移轉聯盟（transfer union）」的規模不足以解決結構性問題。

這種再分配應該由經過改造與擴大的歐洲穩定機制來進行。歐元紓困基金ESM要被擴大為一種「貨幣基金」，好讓「歐元變得更穩定」並且「更有能力防範未來的危機」。未來，ESM 應該與歐盟委員會（EU Commission）共同決定針對各國的援助方案。

在這同時，當大型銀行破產倒閉時，ESM 也應該幫忙。只消看一眼各歐洲銀行的股價就足以看出問題的嚴重性。相較於歐洲央行不太可信的壓力測試，以及針對不良貸款的過分樂觀數字，股票交易較能呈現出清楚的評估。在危機開始之前，各國銀行的交易價格已經約是其帳面價格的 50%，幾乎處於和上一次歐元危機高峰時一樣低的水準。這對 ESM 的出資國帶來了巨大的風險，尤其是德國。附帶一提，義大利並不想使用在 3 月底時可動用的 4,100 億歐元 ESM 基金，因為它們「須符合一些條件」。義大利總理朱佩塞·孔蒂（Giuseppe

---

18　F.A.Z. NET, "Von der Krise zur Chance", 24. March 2017.　連結：https://www.faz.net/aktuell/politik/die- gegenwart/zerfaellt-europa-25-von-der-krise-zur-chance-14932745.html

Conte）反而要求歐盟發行「新冠病毒債券」，並為義大利公債提供無條件擔保。[19]

過去，德國和荷蘭等其他國家一直拒絕發行這些之前被稱為歐元債券（Eurobond）的共同債券（joint bond），因為它們等於是在歐元區層次將政府債務社會化。有鑑於各成員國的債務水準差異極大，這將意味著在國家層次進行各國納稅人間的巨大財富轉移。考慮到私人家庭間財富狀況的巨大差異，也許我們可以從批判的觀點檢視這種資產轉移。根據來自歐洲央行的資料，德國家庭的財產中位數只有 60,800 歐元，但是義大利家庭的財富中位數卻是 146,200 歐元。[20]

無論如何，歐盟都將在未來數週採取恰當的再分配措施。就像近年來的一些措施一樣，這些措施也將為歐元爭取到一些時間。但它們不會是治本之道。

我們必須團結

毫無疑問，我們必須在歐盟和歐元區內展現團結。在第 9 章中，我將說明如何透過協調合作的方式降低高額債務水準。這必須放在我在第 8 章中談到的新金融秩序背景中來理解。

---

19 F.A.Z. NET, "Die EU arbeitet an einer 'Euro-Bazooka'", 19. March 2020. 連結：https://zeitung.faz.net/faz/wirtschaft/2020-03-19/5b881ec702e39c1446342d0778cae520/?GEPC=s5
20 這些情形也顯示在最新資料中：Credit Suisse, "Global Wealth Report 2019", S. 23. 連結：https://www.credit-suisse.com/ch/en/about-us/research/research-institute.html

　　除了這場嚴峻的危機之外，我們還需要思考歐元區的未來，因為這是我們必須解決的根本性問題。即使是在進行共同債務重整之後，不同經濟體之間競爭力差距及關係日益緊張的問題仍會存在。我們應該討論在一些成員國，或更可能在是所有成員國中引進平行貨幣（parallel currency）的可能性。歐元仍會存在，但可能是以一種優雅的方式存在，也就是讓我們能為不同的經濟表現重新取得調整的彈性。很快地，各國貨幣將成為主導力量。

　　創造一種有能力在全球層次上與美元競爭的貨幣，這個歐洲夢想已經破滅了。歐元今天在全世界貨幣儲備中所占的份額僅與德國馬克廢除前所占的份額相當。在今天的全球資本市場中，單一貨幣的實際好處有限。企業要找到應對匯率浮動的避險方式不難，成本也沒有多高。

　　一個由那些具有相似經濟特質的國家所組成的較小型貨幣聯盟，可以是歐元區實質解體外的另一個選項。這樣的聯盟可以包括德國、荷蘭和奧地利，而另一個聯盟則結合了義大利、西班牙和葡萄牙。法國的經濟可被認為落在這兩個集團之間。

一切照舊是不行的

　　新冠病毒危機清楚地揭露了歐盟與歐元的缺陷。它讓人們知道，在這場危機嚴重階段過後，回復到過去的經營方式是不可能的。歐盟與歐元需要真正意義上的重開機。這包括歐盟的結構性改革及歐元的重組。後者應被視為與貨幣政策的終局階段連動，這部分我將在下一章處理。新冠病毒不僅暴露出預防衛生措施的侷限，也顯示出我們近年來一直未能解決的那些棘手且引發爭議的根本性經濟問題。現在，事情已經不能再拖下去了。該是歐洲人面對現實的時候了。

第7章

誰該付帳？

783.134
458.274
.120
459.192
76.430
98.374
43.
39

顯然，我們正面對第二次世界大戰以來最大的金融挑戰。根據經濟學家的說法，國家承擔的財政成本只能跟戰爭時期相比。幸運的是這次我們沒有彼此兵戎相向。這次，每個人都在對抗我們共同的敵人：新冠病毒。

這場「戰爭」所涉及的金額極其巨大，而且每天都在增加。2020 年 3 月底的情況如下：[1]

• 對德國而言，預期的 GDP 損失約 7,000 億歐元。[2] 然而實際上最終的德國國家預算負擔可能會更高。初步估計會高達 1.5 兆歐元。[3]

• 法國承諾對於受到疫情打擊的企業及受雇者提供無上限的預算支持。法國政府總計動用了高達 1 兆歐元的政府擔保，用於向企業提供銀行貸款及擔保。其他的動作包括對國家持股企業進行可能救助，以及延後公司稅和社會安全負擔的繳納。

• 義大利設立了一個高達 250 億歐元的緊急基金，用於支持健康體系及民防保護局（civil protection agency）、針對自營業者發給每人 500 歐元的一次性支付、補助企業支付員工遣散費，以及發給在防疫封鎖（lockdown）期間仍持續工作的義

1　FINANCIAL TIMES, "How major economies are trying to mitigate the coronavirus shock", 30 March 2020.　連結：https://www.ft.com/content/26af5520-6793-11ea-800d-da70cff6e4d3

2　ifo Institut, "Corona wird Deutschland Hunderte von Milliarden Euro kosten", 23. March 2020. 連結：https://www.ifo.de/node/53961

3　F.A.Z. NET, "Staat drohen Kosten bis zu 1,5 Billionen Euro durch die Corona-Krise", 22. March 2020.　連結：https://www.faz.net/aktuell/wirtschaft/folkers-landau-staat-drohen-hohe-kosten-durch-corona-krise-16690939.html

大利人現金津貼。整體方案還包括為在此次危機受到打擊的企業提供貸款擔保。

• 西班牙宣布為企業提供 1,000 億歐元的國家貸款擔保，以確保流動性，受惠者尤其是中小企業。整體方案包括提供由貸款擔保啟動的私人資金，總計 2,000 億歐元。西班牙總理桑切斯（Sánchez）宣布針對收入受到疫情打擊者的抵押貸款推出延期支付措施，類似的措施也適用於如水電瓦斯等公共設施使用帳單的付款。一些社會安全支出也被延緩，並將投入 6 億歐元協助弱勢族群及社會服務依賴者。

• 英國宣布針對疫情的總經費「無上限」。針對未被遣散但在疫情期間無法工作的員工，企業將可獲得其薪資帳單 80% 的雇用成本全額補助。此外，英國政府也提供無上限的貸款擔保，所有受影響部門的企業將可免繳財產稅 1 年。小型企業可獲得補助包括每月補助自營業者近期平均利潤的 80%，上限為 2,500 英鎊。

• 美國推出了 2 兆美元的經濟刺激方案。包括提供每位成人 1,200 美元收入支持，每位孩童則可獲得 500 美元；提供小型企業總計達 3,670 億美元的貸款，只要他們在未來半年內持續雇用大部分員工，即可留下這筆錢。此外，為幫助大型及中型企業在危機期間獲得融資，美國政府也提供貸款、貸款擔保，或承諾購買他們的公司債，金額總計 4,540 億美元。整體而言，為了應對新冠病毒危機所帶來的經濟衝擊，光是美國政府就預期將支出至少 10% 的 GDP。

　　IMF 預測這將是大蕭條以來最嚴重的經濟危機，日本 GDP 將大幅下調 5%，義大利則可能是近 10%。美國、英國、法國和德國的下調幅度預測將介於 6 ～ 8% 之間。因此代價很可能會更高。

　　這就帶出了一個問題：誰該付這筆帳？

錢從哪裡來？

　　人們常會以為，就像家庭和私人企業一樣，政府會利用經濟繁榮時做好因應未來挑戰的準備。不需要將盈餘拿來降低債務，但是將債務成長率控制在名目 GDP 的成長率以下，以降低債務與 GDP 的比率也許是合理的做法。在過去，這種事很少發生。但是執行「黑零（black zero）」政策的德國是個例外，這項措施導致政府締造了連續數年財政盈餘的佳績。由於這一點以及德國經濟的（相對）良好表現，過去這幾年，德國的債務與 GDP 比率已從 90% 降到了 70% 以下。

　　順道一提，「黑零」表現並不是德國政治人物的成就。真正原因是過去這幾年裡德國必須支付的低利率。德國央行計算，從 2008 至 2019 年，德國國家共節省了 4360 億歐元的利息支出。[4] 這些存款中只有一小部分被用於償債。政府增加的支出主要用於社會給付，但卻削減了投資的支出。

儘管如此，德國還是有各種財政手段可廣泛運用於應對危機。但是在其他西方國家，即使在危機發生前，情況看起來也有很大不同。

德國和荷蘭一樣，都是官方公債水準相對較低的少數大國之一。近年來，幾乎所有國家的債務都持續增加——儘管一直都有大量相反的主張。日本長年來都與高債務和高赤字共存。在川普主政下，2019 年美國聯邦政府的預算赤字約是 GDP 的5%，同時美國的經濟成長率僅約 3%。這突顯了我在第 1 章中已經提出的一個觀點：我們仍處於金融危機過後極度疲弱的經濟復甦期。

最重要的是，如果將尚未實現的支持高齡社會承諾也包括在內，實際債務還高得多，這點不只適用於德國。根據歐盟委員會的計算，幾乎每個歐盟成員國的政府財政都存在巨大缺口。根據這個計算，德國將必須額外儲蓄 GDP 的 3.6% 才能為高齡化社會做好準備，歐盟的平均數字則是 2.8%。[5]

這凸顯了一件事：無論有沒有疫情的衝擊，許多國家的政

4　manager magazin, "Deutscher Staat spart dank Minizinsen 436 Milliarden Euro", 20. January 2020. 連 結：https://www.manager-magazin.de/politik/artikel/minizinsen-deutscher-staat-sparte-bis-jetzt-400-milliarden-euro-a-1304215.html

5　European Comission, "Fiscal Sustainability Report 2018". 連結：https://ec.europa.eu/info/sites/info/files/economy-finance/ip094_en_vol_1.pdf

圖 8　疫情前，政府公債已處於很高的水準

橫軸數字為 2019 年債務占 GDP 的百分比

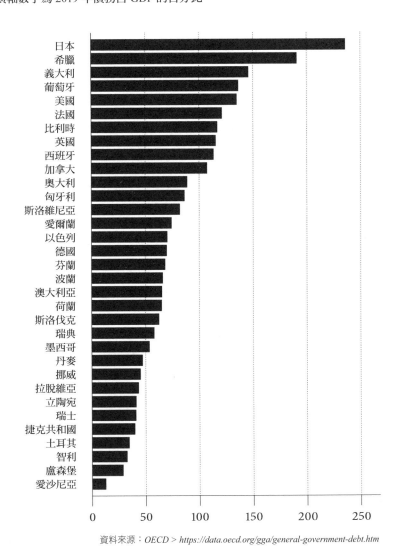

資料來源：*OECD > https://data.oecd.org/gga/general-government-debt.htm*

府財政都是無法持續的。數十年來，西方政治人物持續作出根本找不到資金來源的承諾。

這就引出了一個問題：錢從哪裡來？理論上，處理過多債務的方法有四種：

1. 更高的經濟成長
2. 儲蓄及償債
3. 富人稅（wealth tax）
4. 通貨膨脹

接下來讓我們來檢視一下這些選項。

經濟成長不是解決辦法

理想的解決方案是讓經濟成長自然解決債務問題。但是正如經濟學家卡門・M・萊茵哈特（Carmen M. Reinhart）及肯尼斯・S・羅格夫（Kenneth S. Rogoff）在他們對政府債務的研究中指出的：「很少有國家可以透過經濟『成長』來擺脫債務。」[6] 根據他們的分析，政府債務負擔超過 GDP 的 90% 時，就會導致實質經濟成長下降 1%。大多數西方國家的政府債務負擔都超過 GDP 的 90%。即將發生的人口變化又加劇了此一問題。

6　American Economic Review: Papers & Proceeding, "Growth in a Time of Debt", May 2010. 自從該報告發表以來，即不斷有針對這份分析所使用數據的各種批評。但即使排除極端值，也不會改變數據整體所傳達的訊息，也就是高政府負債很有可能對經濟成長率產生負面影響。

勞動力規模的成長結合生產力的增加推動了經濟成長，這一道理不證自明。但在歐洲，勞動力已經在萎縮當中，而在美國，勞動力的成長率預計將比過去更低。再結合大多數已開發經濟體生產力成長已經低迷了一段時間這個事實，在未來 10 年內達成可觀實質經濟成長的可能性實在很低。

在其他條件不變的情況下，想要靠經濟成長來擺脫債務，一個經濟體的實質 GDP 成長率必須高於其債務實質利率。假定沒有背上額外債務，當 GDP 成長得比債務快時（取決於債務的利率），債務占 GDP 的百分比就會下滑。然而，許多已開發經濟體儘管實施低利率政策，在過去 10 年裡，政府始終無法削減掉足夠的赤字並讓此一減債方程式取得成功。結果是債務與 GDP 的比率持續攀升。為了在這種低 GDP 成長率的條件下阻止公共債務的增長，政府就必須要實現「基本的」預算盈餘——也就是說，政府必須透過稅收大於其公共支出（不包括利息支付）而實現更多的財政收入。不幸的是，在大多數國家中，債務占 GDP 比率都已經過高，而過去的 GDP 成長率又太低了，因此這並不是個現實的選項。在新冠疫情衝擊後，更是絕不可能了。相反，我們現在有更高的債務水準以及結構性的低經濟成長率。

撙節政策不會對所有國家都有效

另一個減少政府債務的選項是財政撙節（financial austerity），也就是透過相當程度減少政府支出來減輕年度赤字及總體的債務負擔。然而，撙節政策的問題在於，它對經濟成長有極大的負面影響，因此會降低 GDP 成長率並讓債務負擔相對上變大。例如我們在義大利就看到了這點，儘管過去幾年來義大利都實現了基本盈餘，但疲弱的經濟成長仍導致債務占 GDP 的比例不斷攀升。

多虧強勁出口帶來了相對良好的經濟成長，德國設法降低了其債務占 GDP 的比例，並已經計劃在危機過後重新實施儲蓄政策。經濟部長彼得‧亞特麥爾（Peter Altmaier）在一次訪談中重申，德國政府有意在危機後重啟預算平衡政策。[7]

這真是大錯特錯。有一種風險是，當企業在尋求省錢以償還危機期間持續積欠債務的同時，稅及關稅也將會增加。此外，相對於過去 15 年來的支出水準，國家還可能會減少對緊急需要的投資。這個解決方案會造成低成長及分配衝突的日益，尤其是會激勵企業投資海外，而非將資金留在國內。

7　forexlive, "Germanys Altmaier: We will return to austerity policy once coronavirus crisis is over", 24. März 2020. 連結：https://www.forexlive.com/news/!/germanys-altmaier-we-will-return-to-austerity-policy-once-coronavirus-crisis-is-over-20200324

　　這不僅會降低未來幾年的經濟成長而已，要成功達成國內撙節的政策目標而不削弱成長動能，唯一可能就是依靠出口。這正是德國在過去幾年來一直在做的，而現在它打算複製這個成功經驗。但這個策略無法同時適用於所有國家——除非我們打開火星市場，否則不可能所有國家都能理所當然實現貿易盈餘——這個方法對德國也無法再次行得通。

　　為了解釋這個機制，讓我們檢視一下來自德國的資料：包括政府、家庭和企業在內的一個經濟體各部門的總儲蓄必須始終為零。舉例來說，如果私人家庭進行儲蓄，企業和國家或兩者之一就不得不相應地負債。實務上，還會有另一個部門——如果儲蓄過多而國內投資過少，外國部門可以以債務人（debtor）的身分進場。但即便是這種情形，所有 4 個部門的儲蓄加總後的總額也為零。[8]

　　圖 9 列出了德國過去幾年的數據表現。我們可以看到，私人家庭、企業和國家多年來一直在進行儲蓄。結果是德國的出超很高，約占 GDP 的 8%。「世界出口冠軍」的頭銜因此與它作為最大資本出口國的角色並肩而來。德國將其儲蓄投資於海外，也因為這樣做，所以它不是真正的成功。[9]

8　更多關於儲蓄與貿易順差之間連結的探討，可以在這裡找到：beyond the obvious, "Deutschland wirtschaftet wie die Eichhörnchen", 14. September 2016. 連結：https://think-beyondtheobvious.com/stelter-in-den-medien/deutschland-wirtschaftet-wie-die-eichhoernchen/

9　CEPR, "Exportweltmeister – The Low Returns on Germanys Capital Exports", 18 July 2019. 連結：https://cepr.org/content/free-dp-download-18-july-2019-exportweltmeister-low-returns-germany's-capital-exports

圖 9　經濟部門的財政平衡

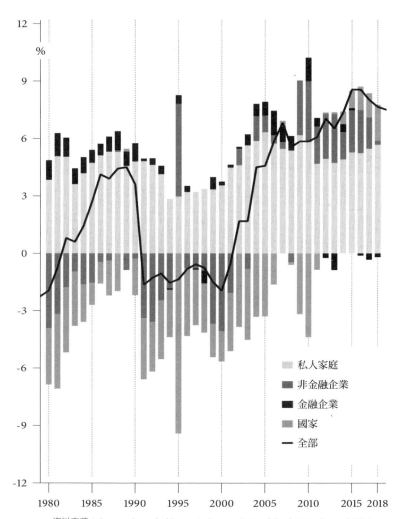

資料來源：*German Council of Economic Experts, National Productivity Report 2019 (www. sachverstaendigenrat-wirtschaft.de/fileadmin/dateiablage/gutachten/jp201920/2019_Nationaler_ Produktivitaetsbericht.pdf)*

在這次經濟衝擊過後，世界上（包括歐元區）的其他國家能否接受德國維持這種水準的貿易順差，仍必須打上大大的問號。甚至是在危機之前，德國就已經因超過 GDP 的 8% 的貿易順差而受到嚴厲批評。美國是否祭出保護主義措施始終令人擔憂。

實務上，這意味著德國將必須增加國內支出。方法不是私人家庭進行更多消費，就是政府和企業必須做更多投資，或者雙管齊下。在這樣的環境下回到撙節政策並不是可行的辦法。

這點適用於所有國家。後 COVID-19 的世界中，各國政府將面對一種切實存在的可能性：儲蓄越多，撙節政策造成 GDP 收縮的幅度就越大，而公債占 GDP 的比例仍將上升——再怎麼縮減政府開支也一樣。

富人稅是個務實的選項嗎？

為了削減債務，政治人物很可能會做出一個結論：有必要對私部門的現有財富徵稅。許多政治人物會認為，對私人資產徵稅是解決問題的最公平方式。對現有資產徵稅等於承認一個事實：這些投資其實不如它們的擁有者以為的有價值，因為債務人將無法履行其承諾。

事實上，私人財富的規模相當可觀。根據由瑞士信貸（Credit Suisse）發布的最新數據顯示，義大利私人財富與

GDP 之比率為 5.5 倍，甚至超過了瑞士。西班牙緊跟在後，為 5.3 倍。根據這個計算，德國以 3.8 倍的數值遠遠落後於英國、法國、美國及日本（下頁圖 10）。[10]

這讓我們可以做點簡單的計算。即便假定疫情危機造成了損失，所有國家的私人財富也遠遠超出政府債務。在義大利的情況中，徵收 20% 的一次性富人稅就會使政府債務占 GDP 的比例下降 100%。而即便如此，義大利的私人家庭仍比德國家庭富有。這顯示——用法國經濟學家托瑪・皮凱提（Thomas Piketty）的話來說——與其說這是政府債務問題，不如說是私人與公共部門之間的財富分配問題。[11]

對大多數國家而言，削減 20 ～ 30% 就已經足以彌補將政府債務降至可持續水準所需付出的成本。為了確保社會大眾能夠接受債務負擔的分擔，政治人無疑會選擇只對達到一定門檻以上的資產徵稅。

這個想法不像人們會以為的那樣怪異：2013 年時 IMF 曾提議徵收富人稅以應對歐元區債務危機。[12] 法國智庫「法國策略（France Strategie）」也曾在一份報告中提議針對所有財產

10　Credit Suisse, "Global Wealth Report 2019", 21 October 2019. 連結：https://www.credit-suisse.com/about-us-news/de/articles/media-releases/global-wealth-report-2019--global-wealth-rises-by-2-6--driven-by-201910.html

11　Thomas Piketty, "Capital in the Twenty-First Century", Cambridge/London 2014

12　IMF, "Fiscal Monitor, Taxing Times", October 2013. 連結：https://www.imf.org/en/Publications/FM/Issues/2016/12/31/Taxing-Times

圖 10　私人財富與 GDP 的比率

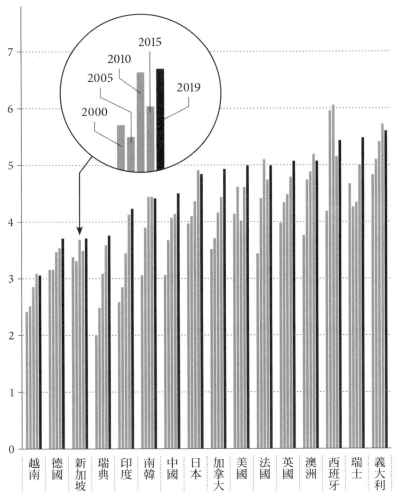

資料來源：*James Davies, Rodrigo Lluberas and Anthony Sharrocks：Global Wealth Databook 2019*

徵收一種特殊稅，以應對政府的債務負擔。[13]

在德國，這樣的政策具有一定傳統。1920 年代的惡性通膨或是 1949 年二次大戰結束後，為了讓財政負擔的分擔更為公平，政府都實施了一次性的富人稅。今天，來自德國政治人物的第一波呼籲中，已經可以聽到要求徵收 20% 的一次性富人稅，以應對因新冠危機而產生的政府債務的呼聲。這樣的呼籲無視一個事實──即便是在疫情結束後，德國政府的債務水準也遠低於歐元區其他國家。

歐洲其他國家並沒有實施此一規模富人稅的這種明顯傾向。我還記得金融危機高峰時的兩次經驗。當時，我的角色是波士頓顧問集團（Boston Consulting Group，BCG）的合夥人，我會見到來自歐洲各國的資深經理人員，以討論應對歐元危機的各種方式。義大利規模最大企業之一的財務長嘲笑完建立歐洲償債基金，也就是透過從一項債務負擔共同承擔計畫取得的資金來償還債務的想法後，馬上說：「當各省都在償還債務時，我們有什麼必要這麼做呢？」他的意思是指歐洲的其他國家。一位來自一家法國大型企業的代表搖搖頭，只說了一句：「我們會用通貨膨脹來解決這問題，就像以前一樣。」

這令我們得出一個結論：在某些國家徵收富人稅可能是個

13　Handelsblatt, "Enteignung für den Schuldenabbau", 11. Oktober 2017. 連結：http://www.handelsblatt.com/politik/international/denkfabrik-der-franzoesischen-regierung-so-verteidigt-der-thinktank-seine-ideen/20442186-2.html

受歡迎的主意，但總的來說，政治人物並不熱衷於往這個方向推進。尤其是因為只有當賦稅門檻被設得相對較低時，徵收富人稅才可能帶來可觀的進帳。這會影響到更多的人。因此我不預期富人稅會在解決政府債務的問題上扮演重要角色。

通貨膨脹作為解決方案

還有一種降低未償債務的價值，那就是用通貨膨脹來抵銷它。比預期更高的通貨膨脹不僅會減輕政府的債務負擔，企業與消費者也同時受益。因此，通貨膨脹這個選項對政策制定者而言具有難以抵擋的魅力。

當然，目前的產出缺口、產能過剩及薪資低成長讓通貨膨脹似乎不可能。事實上，這些徵候讓許多經濟學家擔心的反而是相反的情況：通貨緊縮。但是我同意經濟學家米爾頓・傅利曼（Milton Friedman）所說的「通貨膨脹是讓貨幣總量增加得比產出快而產生，而且只能透過這種方式產生，在這個意義上，通貨膨脹在任何時候及任何地方都是一種貨幣現象。」「受到控制的」通貨膨脹是個很難達成的目標，因為一旦通貨膨脹開始，就很難駕馭它了──就像是想要藉著搖晃瓶子來控制番茄醬的流動一樣。

通貨膨脹解決方案有一種比較溫和的版本，稱為「金融抑制（financial repression）」，指的是美國和英國在二次大戰後用來降低債務負擔的方法。[14] 也就是立法強制投資者投資低收益的政府債券（無風險資產）。當名目經濟成長率高於公債利率時，債務與 GDP 的比率就會顯著下降，平均每年約降 3～4% 的 GDP。

儘管利率極低，實際上，過去 10 年來所有主要西方國家都在努力對抗利率與經濟成長之間存在的正差距。

但是金融抑制要如何達成呢？

• 低利率：2008 年金融市場危機後，所有西方國家的央行都大幅調降利率，使得利率維持在歷史上的低點。因此已經沒有多少空間可以進一步調降名目利率了。

• 更高的經濟成長：債務負擔的最佳解決方案是更高的實質經濟成長。不幸的是，正如我們已經看到的，經驗證據讓人無法對此抱太大希望。

• 更高的通貨膨脹：顯然成功的金融抑制手段要求實實在在的通貨膨脹。利率與經濟成長率之間的差距越大，金融抑制的速度就越快。讓我們來算算數學。假定一個經濟體除了利息支付之外，還額外借了 2% 的新債，名目利率是 3%，而實質經濟成長率則是 1%。為了達成 5% 的金融抑制，就需要 9% 的通貨膨脹率。

• 資本控制／政府介入：這個方式表明，要縮減現有的債

14 Carmen M. Reinhart and M. Belen Sbrancia, "The Liquidation of Government Debt", NBER Working Paper 16893, www.imf.org/external/np/seminars/eng/2011/res2/pdf/crbs.pdf

務負擔,需要比傳統方法更有力的手段。只有當各國政府也大力干預金融市場,包括禁止跨境資本流動及嚴格控制儲蓄的投資方式時,我們才能想像。

至今為止,過去 10 年來,各國央行所推行的政策都未能產生政策制定者所希望的那種通貨膨脹。正如我們在頭兩章中所看到的,在一個已然過度負債,而且新信貸主要被用來購買現有資產或進行投機的世界裡,通貨膨脹是個很難達成的目標。另一方面,新冠病毒也許會被證實是個極巨大的衝擊,可能導致通貨膨脹在未來幾年裡捲土重來。但這將是各國央行和政府採取更為極端措施的結果。這些措施會是什麼,下一章將會有深入探討。

沒有簡單的解決之道

顯然,要解決各國政府所背負的巨額債務,沒有什麼不需付出代價的方法。因此我們可能只會累積更多的債務而已。日本的政府債務多年來一直超過 GDP 的 200%。赤字主要由日本央行提供融資,日本央行現在已經成為該國最大的債權人。歐洲也將步上日本後塵。無論我們喜不喜歡,疫情經濟都即將來到。

第 8 章

財政的終局階段

76
98.5748
432.629

783.134

458.274

120

459.192

76.43

目前我們已經看見世界各國所面對的龐大代價，包括數十億已宣布的激勵方案。歐盟成員宣布了超過 1 兆歐元的各種計畫，在美國，國會已批准 2 兆美元的紓困計畫，還有 2 兆美元用來刺激經濟。一切不會就此打住。美國及世界其他國家都將推出更多的措施。這是對抗世界史上最大經濟衝擊必須付出的代價。

各國央行也都在全力應對。它們再次向市場注入大量流動性，因此顯示——和疫情爆發前幾個月表達出來的擔憂相反，它們仍有能力持續擴張已然十分龐大的貨幣政策措施。

資本市場一開始表現得意興闌珊，要求推出進一步的激勵措施。有許多方法可以進一步刺激經濟，例如央行進一步提供流動性，或是更多的政府支出。

這就引出了一個問題：我們能負擔得起嗎？在第 1 章中我們看到，COVID-19 前我們已正在應對一個高度負債的全球經濟。在過去數十年裡，我們不得不應對這種債務帶來的後果，而且越來越頻繁：泡沫伴隨危機而來，反之亦然。這條路我們能繼續走下去嗎？或者，由於疫情危機，我們是否已經走到了這條通往債務積累之路的盡頭？

以借貸維生

不只是政府債台高築而已，企業和家庭也是。我們在這裡也看見了高債務水準，並觀察到新債對於經濟成長的影響正在逐漸下降中。在全世界，每新增一美元債務對於創造出更多GDP所能產生的影響變小了。

我們面對著十分嚴重的問題，這完全與外在衝擊無關。增加的債務、缺乏固定資金來源的養老金及健保未來給付承諾、低成長，以及生產力增加不足，這一切混合在一起創造出一個無法永續的經濟。世界銀行、IMF、OECD等國際組織越來越常要求人們改弦易轍。然而，它們並未提議放棄持續增加債務的政策。相反，它們尋找增加需求的方法，設法在不增加更多債務的情況下向經濟注入新的資金。坦白說，國家透過各國央行提供融資已經成為一個現實可行的選項。

各國可能邁向「日本光景」

這些考量的基礎是對於整個西方世界將邁向「日本光景」的擔憂。這個詞指的是長期的低成長、價格下跌（通貨緊縮）以及相對的經濟下滑。

事實上，在受到疫情打擊前，尤其是歐元區，就已經逐漸邁向自身的「日本光景」了。一份德意志銀行的研究摘要了日本自從1980年代末泡沫經濟破裂後的發展，與自從歐元危機

圖 11　債務對經濟成長的影響力越來越小
每新增一美元債務的 GDP 增量

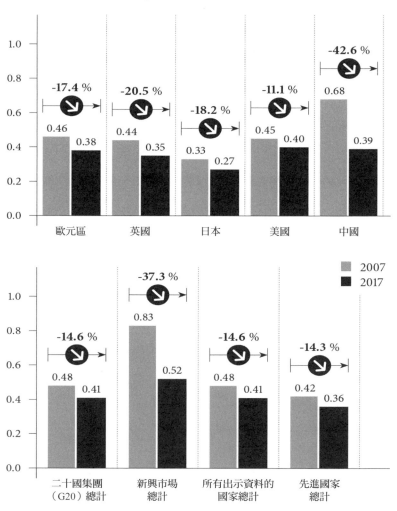

資料來源：Hoisington：https://hoisingtonmgt.com/pdf/HIM2018Q2NP.pdf

開始以來歐元區發展的相似之處，[1] 並發現：

• 利率的發展幾乎是一致的。在兩個案例中，危機開始後，實質利率都遭遇顯著下滑並持續維持在低檔。

• 人口在危機開始前已達頂峰，然後開始衰退。因人口高齡化而導致的勞動力減少特別明顯。德國與日本間的比較在此尤其驚人，因為它們面臨相似的勞動力下滑情形。

• 養老金領取人數的增加情形也是一致的。正如日本在1990 年後的情形，德國也正面臨著養老金領取人數大量增加，工作人口卻減少的現象。

• 正如日本，歐洲在泡沫破裂後也避免對銀行體系進行資本重組。就像歐洲一樣，在日本，人們也抱持著銀行業將隨著時間逐步復甦的希望。會計準則被放寬，人們推行一套制度，讓如果不這樣做就將面臨破產的銀行和企業得以存活下來。這些「殭屍」企業只是因為低利率才能夠苟延殘喘。而這進一步抑制了經濟成長率，因為這些公司沒有在進行投資與創新。[2] 因此，我們也就不訝異評等機構在新冠危機開始時要進一步調降歐洲銀行的等級了。[3]

---

1   beyond the obvious, "Folgt Europa Japan in das japanische Szenario?", 6. May 2019. 連結：https://think-beyondtheobvious.com/stelters-lektuere/folgt-europa-japan-in-das-deflationaere-szenario-i/

2   國際清算銀行警告企業殭屍化的後果，參見：" BIS Quarterly Review 2018". 連結：https://www.bis.org/publ/qtrpdf/r_qt1809.htm

3   The Telegraph, "Downgrade warnings raise fears of European bank nationalisations", 26 March 2020. 連結：https://www.telegraph.co.uk/business/2020/03/26/downgrade-warnings-raise-fears-european-bank-nationalisations/

- 正如 1989 年泡沫破裂打擊後的日本，歐洲經濟也尚未從金融和歐元危機的打擊中復甦。經濟成長顯著落後於危機發生前的趨勢。

- 根據分析，義大利的情形與日本尤其相似，並且一直未能從過去幾十年的危機中恢復過來。

日本近年來成功地大幅增加了受雇者平均每人 GDP 成長率（GDP per person in employment ratio）。因此，它可以吸收工作人口下滑所造成的一大部分影響。另一方面，在歐洲，生產力的提升明顯更慢，許多國家的生產力甚至還下降了。這意味著歐洲的處境比日本糟得多。

各國央行正陷入困境中

在第 2 章中，我們談到了央行在金融市場發展方面所扮演的不幸角色。這點值得我們仔細探討。

自從上世紀 80 年代以來，全球利率持續下降。每當金融市場或經濟出現動盪，西方世界央行就會迅速採取行動。它們會調降利率、向市場注入大量流動性。然而，在這之後，它們卻從來沒有將利率調回之前的水準。因此，幾十年來以來利率均持續下降。在歐洲，歐元引入更強化了這個趨勢，因為歐洲央行在貨幣聯盟成立初期將利率保持在過低的水準──主要是因為當時處於不景氣階段的德國。低利率推動了今天深陷於危機中國家的債務及房地產熱潮。

　　一個體系背負越多的債務，就越容易受到未來危機的打擊，也讓每一次危機都帶來更大的威脅。結果是各國央行被迫加大干預力道，而這又回過頭來誘使投資人與投機者借入更多債務，因為借貸的成本明顯降低了。各國央行所開出的藥方實際上加重了疾病。

　　為了維持住能夠償還現存債務的假象，增加債務不但不是偶然，還是必要的。因此，人們將這種副作用當成是以債務為基礎的貨幣體系的一部份，不得不接受。正如不斷上漲的資產價格，因為廉價的貨幣不可避免地有利於資產擁有者。這就是皮凱提等經濟學家所批評的財富與收入脫鉤背後的一切原因。[4]不增加槓桿，資產價格就不會進一步上漲。如果從這個角度來看，泡沫就不是個偶然事件，而是這個債務週期不可避免的一部分。

　　早在新冠危機前，各國央行就已經將自己推向了一個越來越無望的境地。正如英國人常說的：「他們把自己逼進了絕路。」整件事可以摘要如下：

　　• 資產市場的估計價值在最近創下了紀錄。原因是低利率及創紀錄的槓桿率。在疫情前，美國股市就已經達到相對於GDP 的歷史新高。

4　Daniel Stelter, "Die Schulden im 21. Jahrhundert", Frankfurt 2014.

- 實體經濟的債務水準也創下新高。

- 各國央行彼此間正在進行一場貨幣戰爭，為了保護國內產業，它們必須始終確保國內貨幣相對於外幣的升值幅度不會太大。

- 各國央行面臨的兩難是：一方面，站在官方立場，不允許央行製造通貨膨脹，但是現實上為了降低實質債務，央行又必須努力實現通貨膨脹。

- 各國央行本該大幅調升利率，這樣在下一次危機時才有大幅調降利率的空間。但是它們卻沒有這麼做，因為它們知道過度負債的全球經濟及高度槓桿化的資產市場，無法應付利率的調升。

- 我們面對的是高度功能失調的政治。在經濟好轉的頂峰時期，美國進行減稅及舉債從事基礎建設，全球貿易戰爆發。在歐洲，歐盟對脫歐後的英國發動了懲罰性打擊，以避免其他國家有樣學樣。在這同時，卻遲未推出真正解決歐元危機的方法。

這引出一個令人不停思考的問題：下一次危機是否會開啟終局階段？或是各國央行是否會考慮其他措施，好讓整個體系能夠再撐一輪週期，而所有人也能沉浸在繁榮的假象中，再享受幾年資產價格上升、經濟平穩的好日子？沒有人料到我們會必須應對這樣一場前所未有的危機。

激進的想法

也因此，不令人意外的是，早在冠狀病毒問世前，人們就已經開始認真思考擴大央行的政策工具箱了。人們問的是：即便利率已經為零（或為負值），而我們也買了數以兆計的證券，過去 30 年所走的路該如何繼續？那些在這場討論中浮現出的想法都看似很有道理。討論的目標是要讓央行實施更多的負利率並進一步注入流動性，同時限制從這個系統中退出的選項：

• **反對現金**：一場反對使用現金的宣傳已經持續了多年。一開始，IMF 前首席經濟學家肯尼斯·羅格夫等經濟學家主張，應該盡可能排除現金的使用，主要原因是為了打擊非正式經濟及犯罪。[5] 接下來，500 歐元紙幣被廢除了，這樣做大幅增加了儲存現金的成本。最後，IMF 更提出了對現金徵稅的想法，以便讓人們在銀行帳戶儲金為負利率時，沒有動機提領存款。[6] 所有這一切都符合計畫性的貨幣貶值，以及因此而導致的應收帳款和債務貶值的情景。也難怪打從新冠疫情危機一開

5　beyond the obvious, "Rogoff träumt weiter von der Enteignung", 24. November 2016. 連結：https://think-beyondtheobvious.com/stelters-lektuere/rogoff-traeumt-weiter-von-der-enteignung/

6　IMFBlog, "Cashing In: How to Make Negative Interest Rates Work", 5 Februar 2019. 連結：https://blogs.imf.org/2019/02/05/cashing-in-how-to-make-negative-interest-rates-work/

始，現金就被視為可能的傳染管道而應該被廢除了。[7]

　・**反對黃金**：與此一致的是，IMF 在另一份工作報告中稱黃金也是破壞經濟穩定的因素。[8] 這一點當然是對的，如果你支持的體系是一個為了刺激經濟，任何數量的流動性都可以也應該被創造出來的體系的話。既然似乎沒有人想要重返金本位，那麼 IMF 在今天拋出這個話題就顯得有點奇怪。造成這種情況的一個原因可能是想要質疑一個穩健的金融和貨幣政策。另一個原因則可能是為限制私人持有黃金提供道德論據，因為黃金是人們可以「逃奔」的避風港，終極的價值儲存手段，尤其是面對眼前的危機時。任何認為禁止私人持有黃金是不可想像的人，都應該回想一下德國與美國的歷史。

　・**限制資本移動**：與此一致的是，根據環境而限制資本自由移動也被認為是避免危機和穩定金融市場的正當工具。[9] 如果人們想防止儲蓄戶逃離負利率，這些手段是不可避免的。如果現金和黃金不再是可選擇的替代選項，那麼唯一能讓儲戶打消念頭的，就是防止他們將儲蓄兌換成外幣了。

　・**債務貨幣化**：一旦完全避免牽動貨幣政策變成不可能的

7　Bank for International Settlements (BIS), "Covid-19, cash and the future of payments", 3 April 2020. 連結：https://www.bis.org/publ/bisbull03.htm

8　Welt, "IWF warnt vor Gold als Brandbeschleuniger für Finanzkrisen", 26. Februar 2019. 連結：https://www.welt.de/finanzen/article189408169/Krisenwaehrung-Schadet-Gold-der-Weltwirtschaft.html

9　IMF, "IMF Working Paper, Whats in a name? That Which We Call Capital Controls", February 2016. 連結：https://www.imf.org/external/pubs/ft/wp/2016/wp1625.pdf

事，人們就能集中心力在「解決」債務問題。首先就是已經被
討論一段時日的債務「貨幣化（monetisation）」。這意味著
各國央行只需取消其資產負債表上的政府及私人債務即可。[10]
人們可以只是將債務延續 100 年，並讓它變成無息，這在經濟
學上是同一回事。觀察人士認為，這樣的措施，如果仍是種獨
特的解決辦法，它對於貨幣價值就不會構成任何威脅。[11] 我們
只能等著看實際上會發生什麼情況。在債務貨幣化這條路上早
走我們幾年的日本，可能不出幾年就會看到結果了。

‧ **直升機撒錢**（helicopter money）：只是透過調整央行的
資產負債表來處理舊債，不足以解決問題。「殭屍化」問題仍
然存在，政府的隱藏債務仍然無法取得資金，生產力提升力道
疲弱，勞動力也嚴重下滑。經濟成長仍將過低，無法緩解社會
緊張局勢。直接由各國央行出資的政府振興計畫可能是解決之
道。傅利曼將此稱為「直升機撒錢」。在這種情況下，錢不是
真的從直升機上丟下來，而是撥給國家以便能夠分配給大眾，
例如透過投資的方式。一樣，也有越來越多的專家群體認為這
是完全自然的一種回應方式。[12]

10　beyond the obvious, "So würde die Schulden-Monetarisierung ablaufen", 22. August 2017.
連　結：https://think-beyondtheobvious.com/stelters-lektuere/so-wuerde-die-schulden-monetarisierung-ablaufen/

11　Adair Turner, "Between Debt and the Devil", London 2015.

12　University College London (UCL): "Bringing the Helicopter to Ground – A historical review of fiscal-monetary coordination to support economic growth in the 20th century", August 2018. 連 結：https://www.ucl.ac.uk/bartlett/public-purpose/sites/public-purpose/files/iipp-wp-2018-08.pdf

• **現代貨幣理論**（modern monetary theory，MMT）：但是為何央行只應該在危機發生時直接向國家提供資金呢？直接透過央行向國家慷慨地提供資金，而不是像今天一樣透過商業銀行，難道不會比較好嗎？這種思想的先驅將之稱為「現代貨幣理論」。身為一個懷疑論者，人們可以主張如今這想法已不像當初它在威瑪共和時代試行時那麼「現代」了。但它的支持者自然對它會有不同看法。根據他們的說法，控制自己央行的那些國家（例如美國，但義大利不是）想花多少它們新印出來的鈔票都可以，只要經濟仍有未充分利用的產能，仍有足夠的創新力和生產力，能夠滿足它們的一切願望！如果通貨膨脹仍是個威脅，國家只需要透過增稅將它注入市場的一大部分貨幣收回即可。如果這樣看的話，那麼辛巴威、委內瑞拉和德國威瑪共和都走在正確道路上了，只是在稅收上疏忽大意了而已。就連不大反對政府在經濟上扮演更大角色的諾貝爾獎得主克魯格也反對這種想法。無論人們對它的看法如何，它都清楚顯示出我們正在移動的方向。

這些想法（我必須再次強調）都發生在新冠病毒出現之前。當時政治人物及各國央行都在提倡這些措施，他們的目的為了應對下一次常態性衰退，而不是自大蕭條以來的最沉重經濟打擊。

新冠病毒使極端措施成為可能

政治人物遇到的問題是，要施行這類明顯極端的措施前，必須跟大眾溝通。低經濟成長與低通貨膨脹率，不足以作為這種政治上清楚轉變的正當理由。長久以來，人們一直強調央行的獨立性及它們的首要目標是確保貨幣穩定。人們對 1970 代高通貨膨脹率的記憶猶新。

此外，德國在威瑪共和時期經歷過的惡性通膨創傷仍在，這就是為什麼過去很難提倡由歐洲央行在歐元區提供資金的原因。至今為止，德國聯邦憲法法庭（German Federal Constitutional Court）始終駁回所有針對歐洲央行政策的異議，包括與違反政府出資禁令有關的異議。然而，隨著更多公開違規的情形發生，不確定這種情況是否會持續下去。

因此，在新任行長拉加德的領導下，歐洲央行的自我定位是在對抗氣候變遷上扮演積極角色，也就不是偶然了。在歐洲，支持「綠色新政（Green Deal）基本上只意味著一件事：資助與對抗氣候變遷相關的各國支出。當然，歐元區尚未為此做好準備，但是這項高尚事業並不是沒有機會獲得來自德國的政治支持。

接著，新冠病毒就問世了。有鑑於這是自 1930 年代大蕭條以來最大的經濟危機，不僅是整個世界，就是在歐洲，也需要動用數以兆計的資金，顯然，只有打破央行與公共財政之間的區隔才可能解決此一問題。德國人，奧地利人及荷蘭人也可能在內，也許還相信他們可以透過稅收與儲蓄控制債務。但是正如日本和美國，其他歐盟國家從不相信這點，也從不打算這麼做。

所以很明顯，我們正面臨一個「財政與貨幣政策協調」的新時代。這通常意味著某形式的「直升機撒錢」，要不是透過直接向公民支付，要不就是將部分的預算赤字永久性地貨幣化——也就是融資。支持者主張，這類政策的主要優勢是它可以在不增加公共或私人債務的情況下提振需求。

回顧歷史，可以看到這種形式的政府融資已在 20 世紀存在了很長一段時間。在 1930 ～ 1970 年間，國家透過央行直接提供資金的做法得到廣泛接納。藉著這個重要的機制，政府得以在大蕭條後重振經濟，為二次大戰及戰後財政擴張提供融資，儘管當時初始債務占 GDP 比率相當高。這正是我們今天所處的情況。

讓我們看一下歷史上的例子：[13]

• **新政的直接金融（1933 ～ 1945 年）**：作為新政的一部分，美國總統羅斯福利用金融重建公司（Reconstruction Finance

---

13　University College London (UCL): "Bringing the Helicopter to Ground – A historical review of fiscal-monetary coordination to support economic growth in the 20th century", August 2018. 連結：https://www.ucl.ac.uk/bartlett/public-purpose/sites/public-purpose/files/iipp-wp-2018-08.pdf

Corporation，RFC）在大蕭條時期為銀行及企業提供資金支持。1933 ～ 1945 年間，RFC 共借出 330 億美元——按今日購買力算超過 1.5 兆—— 使得該公司成為世界上最大的信貸機構。這與另一個變化符合：美國央行被允許購買政府債券作為證券資產——也就是直接向國家提供資金。私人持有黃金也受到禁止。在當時，這是個大範圍的計畫：美國聯邦準備理事會（US Federal Reserve，聯準會）購買了大量的政府債券，以削減政府的償債成本。

• 日本的債務貨幣化（1931 ～ 1937 年）：債務貨幣化最成功的例子之一是上世紀 30 年代的日本政府。1931 年放棄金本位制並引發日圓貶值之後，日本政府展開了一場大規模的財政擴張以重振經濟。這場財政擴張的資金來源主要是央行所創造出的貨幣。1932 年 11 月，日本政府將它發行的全部赤字債券直接出售給日本央行，而非私人機構。1933 年，日本已經克服了全球經濟危機，沒有出現嚴重通貨膨脹。

• 強制私人銀行進行融資：或者，國家也可以直接強迫私人銀行按照政府規定的到期日及利率來接受貸款。二次大戰期間及戰後，包括美國、加拿大和英國政府在內的許多政府都曾這麼做。

這些例子顯示由央行直接向國家提供融資並不是什麼新鮮事。此一機制在危機時期就已被廣泛採用來為大規模支出提供資金。如果我們看看 20 世紀英國和美國政府債務的發展，就

圖 12　20 世紀（1900 ～ 2000 年）英國和美國的公債發展

公債占 GDP 的百分比

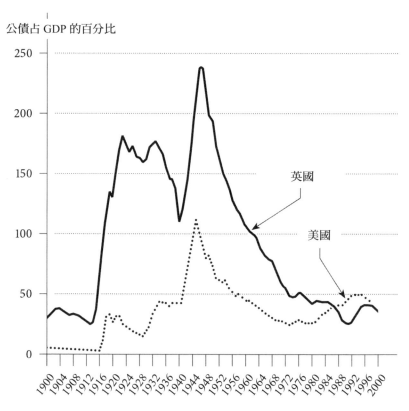

資料來源：*Quellen: Congressional Budget Office, "Historical data on federal debt held by the public", UK Public Spending*

會發現這點。最終,只要在各國央行的協助下,才有可能進行
融資。

即使在受到新冠疫情打擊前,西方世界國家即已面對著無
法忍受的債務及未能兌現的承諾,但這個事實並未改變一件
事:當前危機為即刻採取更開放、積極的行動提供了一個理由。

這些例子顯示,由央行直接向國家提供資金可以是個非常
有效的工具,而不必然會導致更高的通貨膨脹。如果政治家誇
大通貨膨脹、如果各國央行沒有立即在跡象出現時採取行動,
通貨膨脹就會隨之而來。然而,歷史表明這是何等困難的一件
事:1935 年日本開始出現通貨膨脹時,財務大臣高橋是清
(Takahashi Korekiyo)削減政府支出,尤其是軍事支出,並再
次向自由市場出售政府債券以抑制通貨膨脹。這舉動十分不得
人心,因此導致他被謀殺。

還有別的選擇嗎?

今天,大多數的發達經濟體都存在法律及憲法的阻礙,不
讓政府直接取得來自央行的資金。這是上世紀 70 年代高通貨
膨脹率種下的結果。在德國,由於威瑪共和國時期惡性通膨的
歷史記憶深植人心,人們尤其對於由央行向國家直接融資懷抱
惡感。這樣做的風險的確很高。畢竟,誰會相信一旦政治人物
有辦法將手伸進央行,他們會自我節制呢?我不會。

　　但我們得務實一點。還能有別的選擇嗎？讓我簡要地回顧一遍：

　　• 國家承認它們缺乏金融資源，並允許一場新的嚴重蕭條發生。幸運的是，世界上沒有國家認真地考慮走這條路。這麼做的社會及政治後果將是毀滅性的，而歷史也已告訴我們可能會發生什麼後果。

　　• 國家借債、接受更高的融資成本，並在嚴重危機後開始削減債務。這將削弱經濟的復甦力道，很難想像所有國家能夠同時這樣做。國家間的緊張關係將惡化，而在疫情前已然抬頭的保護主義將嚴重加劇，並抑制經濟成長。

　　• 正如已討論過的，富人稅是另一個選項。然而這些富人稅不得人心，而且國家間有著非常不同的傳統。要求各國進行重分配，如歐盟和歐元區，除非每個地方都能實施，否則這不會是條正確的路。我認為這極不可能達成，因此這條路只存在於理論中。

　　這就是為何貨幣政策的解決方案會興起的原因。在歐元區，儘管遭遇到各種抗議，尤其是在德國，但我有信心人們將找到一個解決之道，可以組織起目前受到禁止的歐洲央行對各國的直接金融。德國政府將遵循這條道路──就像過去 10 年它對歐元拯救措施的態度一樣。但是人們需要找到一種方法可以巧妙地呈現它，以便向德國大眾隱瞞正在發生的事。發行由歐洲央行直接買單的歐盟層級的危機債券（人們也許會稱它為

冠狀病毒債券）是可想像的。比方說也許發行金額 1 兆歐元、
為期 100 年以上的零利率債券。

在受到疫情打擊的情況下，從人口發展的角度思考，通貨
膨脹的風險一開始可能會很低，我強調是一開始。

通貨膨脹將捲土重來

2020 年 3 月底，美國舊金山聯邦準備銀行（Federal
Reserve Bank of San Francisco）進行的一項有趣研究，對於 12
種大流行病對經濟的影響進行了深入考察，黑死病、西班牙流
感和 2009 年以來的 H1N1 新型流感。[14] 在全部個案中，危機過
後都出現了實質薪資的增長。在今日的世界，這件事意味著，
在經歷數十年的緊縮後，勞動所得份額（share of labour
income）將上升，而資本所得份額（share of capital income）
將下降。由於高齡化社會及勞動力萎縮，無論如何，這種發展
都是可預期的而新冠病毒將強化這個趨勢。

薪資上升導致價格上漲，從而導致更高的通貨膨脹率。另
一方面，過去危機的經驗表明大流行病和戰爭不同。戰爭過
後，由於有形資產的破壞，經濟成長更為快速。大流行病過後

14　Oscar Jorda, Sanjay Singh, Alan Taylor, "Longer-run economic consequences of pandemics",
　　März 2020. 連結：http://ssingh.ucdavis.edu/uploads/1/2/3/2/123250431/pandemics_jst_
　　mar2020_.pdf

則非如此，因為大流行病並未造成機械、設備和建築的毀損。這導致人們預期在初始的復甦期結束後，經濟成長率將更低。

因此，政治人物將尋找進一步刺激經濟的方法。對抗氣候變遷就是個理想的話題。早在此次危機前，歐洲央行即已準備要在對抗氣候變遷上扮演更「積極」角色，也就是為歐盟執委會宣布推行的「綠色新政」提供資金。相較於在應對疫情衝擊的經濟後果上所花費的數兆資金，這裡所需的數十億元顯得微不足道。

這將導致通貨膨脹捲土重來。人們也許會問，為何過去10年來的央行政策都做不到這點？關鍵差異是當涉及氣候變遷時，不但有資金可運用，而且實體經濟中也有實質的額外需求：

• 棄用化石燃料導致企業及私人的現有資產貶值：煉油廠、汽車製造商、汽車駕駛、燃油取暖的人、房地產擁有者──所有人都面臨資產的大幅縮水。任何在經濟上懲罰二氧化碳排放的政策，都會導致那些製造二氧化碳的人財富縮水。

• 這創造出對新投資的需要：投資在充電站而不是加油站、在電動車而非內燃機、在熱泵和太陽能供熱而非燃油供熱，凡此種種，不勝枚舉。

國家對此一要求的回應方式是透過直接投資、補貼新技術，以及提供研究經費的方式提供適當資金。考慮到我們的經濟將面臨浩大的重組過程，我們談的是數以兆計的數額。單單德國，達到碳中和（carbon-neutral）的成本預期將介於1.5至2.3兆歐元之譜，這還是以所有投資均能有效執行為前提而計算出來的金額。[15]

這個額外的需求遇到的是一個因人口發展，而在結構上面臨供給短缺的經濟。因此，人們無法輕易排除通貨膨脹上升的預期。正如二次大戰後一樣，為了實現「金融抑制」，各國央行將盡量長時間維持盡可能低的利率，如第7章中所討論到的。這應該會令債務負擔貶值。

我們所面臨的新時代

我們正面臨一個新時代。我們已經歷數十年的通貨膨脹率下降，以及數年的利率下降、債務上升。新冠病毒危機現在正加速預期中的終局進程，朝向大規模的債務貨幣化，最終導致通貨膨脹的回歸。2020年1月發表的文章預測世界各國的利率將在幾年內調降為負值。[16] 這些文章向我們例示了人們推斷趨勢的傾向。

這些文章所依據的那份研究分析了過去700年的利率發

15　BDI, "Klimapfade für Deutschland", January 2018. 連結：https://www.zvei.org/fileadmin/user_upload/Presse_und_Medien/Publikationen/2018/Januar/Klimapfade_fuer_Deutschland_BDI-Studie_/Klimapfade-fuer-Deutschland-BDI-Studie-12-01-2018.pdfv

16　Welt, "Zwei Prozent Negativzinsen könnten in Zukunft zur Normalität werden", 5. January 2020. 連結：https://www.welt.de/finanzen/article204765098/Forscher-warnen-Zwei-Prozent-Negativzinsen-koennten-in-Zukunft-zur-Normalitaet-werden.html

展。在該研究中,哈佛大學研究者保羅·施梅興(Paul Schmelzing)指出我們已經經歷了 500 年的實質利率下降趨勢。

但他的另一項發現較少受到媒體的討論。也就是在過去幾世紀以來,這個趨勢曾出現過幾次突然的轉變。平均而言,利率在短短 24 個月內平均上升 3.1%;但是在 2 個案例中,利率卻上升了超過 6%。[17] 例如,當時不是 2%,而應該是 8% 的利息。利率翻轉的起因是如三十年戰爭、第二次世界大戰和黑死病等地緣政治事件和災難。所以也許今天的新冠病毒也會觸發利率翻轉?但必須明確指出的是:唯一會上升的利率是名目利率。實質利率必須而且也將在很長一段時間內維持低檔。

17 Bank Underground, "Global real interest rates since 1311: Renaissance roots and rapid reversals", 6 November 2017. 連 結:https://bankunderground.co.uk/2017/11/06/guest-post-global-real-interest-rates-since-1311-renaissance-roots-and-rapid-reversals/

第 9 章

新冠經濟學

783.134

458.274

.120

459.192

76.4

9

- 解決債務負擔
- 可能的團結互助方式
- 經濟振興方案
- 重啟經濟
- 強化成長動力

　　我們面對的是一個新世界。一些經濟政策措施幾個月前還難以想像，如今已經執行或是將要啟動。在對抗歷史性的世界經濟危機之中，先前的原則已經不受用。我們看到新冠肺炎爆發之前，經濟問題已經十分沉重，而我們本來就在貨幣化全球債務的道路上。此刻病毒正好給各國正當理由，直接由中央銀行融資，並激起催化作用。每件事的發生都超乎預期地快。

　　這也是制定歐盟經濟政策的大好時機，激發並強迫我們處理過去積累的諸多問題。

　　我給歐盟的新經濟方案如下：

解決債務負擔

　　法國總統馬克宏（Emanuel Macron）接受《金融時報》（Financial Times）專訪時，簡述他對歐盟未來的期待：「這很明顯，因為人們會說：『你們到底要把歐盟帶去哪裡？』這些人根本不會在危機當下保護你，也不會在危機過後保護你。他們根本不會和你團結互助。……當移民來到你的國家，他們叫你要收留移民。當你有了流行病，他們叫你要即刻處理。噢，他們真的很棒！說到出口他們製造的產品給你，他們就會挺歐盟。……若是要一同承受重擔，他們就不挺歐盟。……我們來到了關鍵時刻……我們需要財政移轉和團結互助，唯有如此歐洲才能撐下去。」[1]

「團結互助」在這段話裡，是指債務互助這種財政援助。馬克宏一再強調歐盟「緊急投資基金」這個想法，認為應該能夠活用數千億歐元以支持經濟復甦。不過，與此息息相關的只有那些舉債空間不足的國家，不足的原因是政府的債務水準已經太高了。

因此，要將錢花在整體的經濟振興方案身上。試想一下可能的結果。假設為了支應新冠肺炎危機的支出，緊急投資基金募得了 1 兆歐元。倘若由歐元區所有成員國政府擔保，借貸成本會降低，比義大利或西班牙自行借貸必須負擔的成本還要低。而且，由於歐洲央行的介入，利率差與德國相比相當低。實際上說來省下的利率在 1% 以內，相當於 1 年省下 100 億歐元。整體看來金額並不高。

更重要的是償還應該以各國的「經濟表現」為依據。也就是說，一國的國內生產毛額越高，贖回價金的分擔就越高。新冠肺炎危機前各國分擔的比例如下（4 捨 5 入）：[2]

- 德國：29.2%
- 法國：20.5%

1　Financial Times, "FT Interview: Emmanuel Macron says it is time to think the unthinkable", 16 April 2020. 連結：https://www.ft.com/content/3ea8d790-7fd1-11ea-8fdb-7ec06edeef84

2　Eurostat: "Which member states have the largest share of the EU`s GDP?", 11 May 2018. 連結：https://ec.europa.eu/eurostat/web/products-eurostat-news/-/DDN-20180511-1?inheritRedirect=true

- 義大利：15.4％
- 西班牙：10.4％
- 荷蘭：6.6％
- 比利時：4.0％
- 奧地利：3.3％
- 較小國家合計：10.6％

假設各國依比例分擔贖回價金，這意指德國必須償還2,920億歐元的共同債務，而未從基金獲得一分一毫。簡單說，這是德國納稅人與義大利、西班牙及法國納稅人之間的財富重分配。假如義大利從新債中獲得額外的減免（這不是不可能，畢竟義大利早已負債累累，無法再舉新債），這樣義大利15.4％的分擔就必須重新分給其他國家。

如此看來，德國及荷蘭執政者對這樣國家間的財富重分配抱持懷疑態度，也是意料中事，尤其各國在私人財富上存在極大差距。一如我們在第7章所見，義大利、西班牙及法國的家戶所得比起德國的家戶所得高出許多。箇中原因頗多，包括兩次戰敗、國家分裂、高稅負、低住宅自有率以及德國儲蓄人口對「零風險資產」的偏愛，像是活存帳戶。對義大利、法國、西班牙和其他多數國家來說，用一次性的20％財富稅來降低債務問題，並非難事。

德國等國對這種國家間的財富移轉頗有微詞，還有進一步的原因。歐盟各國的退休年齡和退休金比例大不同，稅負也同樣大不相同。比如說，某人從祖父那裡繼承 1,000 萬歐元，若在德國必須支付 225 萬歐元的遺產稅，在義大利稅金僅有 36 萬歐元。

我們顯然需要一套降低歐元區內高債務水準的方法，但是不能造成過多不公平現象。在我看來這是做得到的。一如先前的討論，我們正處於央行主導大量債務貨幣化的起始點，這應該也會在歐元區內發生。我們甚至可以藉此來一次大「重整」。讓我們做一個粗略的計算（下頁圖 13）：

數據清楚顯示公債數額危險地高。即便是在新冠肺炎爆發之前，許多國家都處於高債務水準。不過比起高利率環境，利率低微讓情況顯得沒那麼嚴重，但還是會造成市場、投資者、創業家及家戶的不安，因為無法確定未來債務如何分擔。此外，這些數據並未包括高齡化社會下未來退休金和醫療支出的無擔保貸款。事實上，負擔遠比在德國所見的高出許多。德國未提存準備金負債（unfunded liabilities）將近是國內生產毛額的 100％。[3]

第 2 欄顯示的是債務水準。假設對抗新冠肺炎的支出相當於國內生產毛額的 30％，這是目前針對德國的估計值。如此一來，歐洲各國的官方債務水準將增加為 100％到 223％不等。

---

3   Stiftung Marktwirtschaft: "Ehrbarer Staat? Wege und Irrwege der Rentenpolitik im Lichte der Generationenbilanz", 22. November 2019. 連結：https://www.stiftung-marktwirtschaft.de/fileadmin/user_upload/Pressemitteilungen/2019/Rentenpolitik_PG_22.11.2019/PK-Folien-Ehrbarer-Staat_Rentenpolitik_2019-11-22_Druck.pdf

圖 13 政府公債及貨幣化數額
政府債以國內生產毛額的占比表示

	新冠疫情 危機之前 （2019）	疫情之後 **債務總計** **+30%**	貨幣化過後 **債務總計** **75%**
希臘	193%	223%	148%
義大利	147%	177%	102%
葡萄牙	138%	168%	93%
法國	122%	152%	77%
比利時	118%	148%	73%
西班牙	115%	145%	70%
奧地利	90%	120%	45%
愛爾蘭	75%	105%	30%
德國	70%	100%	25%
芬蘭	69%	99%	24%
荷蘭	66%	96%	21%
瑞典	59%	89%	14%
日本	239%	269%	194%
美國	136%	166%	91%
英國	117%	147%	72%

資料來源：*OECD*：*http://data.oecd.org/gga/general-government-debt.htm*

不過希臘的數據並不具意義，因為這些預期負債絕大部分都已經由歐元區其他國家以優惠條件貸予希臘，因此真實的數額要低上許多。[4]

從歐元區各國來看，義大利比較切合我們的主題，債務是國內生產毛額的 177％、法國為 152％。這些國家和西班牙、葡萄牙及比利時正朝債務共同化（mutualisation of debt）的道路挺進，絲毫不令人意外。

德國不該消極抵抗或是默默承受，反而應該積極參與。歐盟全體會員國應該要有一個統一的政府債貨幣化政策，而不是只有由陷入困難的國家推出。在這個圖表中，我假設全部國家將現有債務貨幣化之後的比例是國內生產毛額的 75％。我們應該要以新冠肺炎危機前的國內生產毛額為計算基礎，這樣受疫情強烈衝擊的國家才不會處於不利地位。2018 年時歐元區的國內生產毛額是 11.6 兆歐元，國內生產毛額的 75％就相當於 8.7 兆歐元，這個數字十分不可思議。

儘管貨幣化數額十分龐大，但是與二戰當時及過後的貨幣化數額相比，卻是小巫見大巫。債務貨幣化的規畫如下：

• 歐元各國設立一個共同債務贖回基金，我們可以將此基金稱作「為更好未來所規畫的歐盟團結基金」（European

4　beyond the obvious, "Die Lüge von der gewinnbringenden Rettung", June 2018. 連結：https://think-beyondtheobvious.com/stelters-lektuere/best-of-bto-2018-griechenland-die-luege-der-gewinnbringenden-rettung/

Solidarity Fund for a better future）。

• 每個歐元國將國內生產毛額 75％的債務轉換成這個基金。具體來說，這是讓團結基金進入各國替各國承擔償還義務。私部門債權人不會因此出現問題，而且透過共同責任的擬定，債權的信用等級也會提升。

• 最終，負債與此毫不相干，因為歐洲央行會將這些債全數買入。由於歐洲央行已經買入 2 兆 5,000 億左右的政府債券，也會再買 6 兆 2,000 億的政府債券。

• 隨著時間推進，只要政府債券到期，就會以發行新債券的方式籌措償還費用。由贖回基金發行的債券是由歐洲央行買入。此外，證券購買方案會照計畫繼續執行。

• 歐洲央行對債務贖回基金的債權延長到超過 100 年，而且免計利息。大家都有共識歐洲央行絕不會申請償還。

• 我們也可以想像歐洲央行會正式勾銷債權。這個方法經濟學家們已經討論多年。[5]

• 計算個別國家的負債比率時，債務清償基金的償還義務並未包含在內。

按照歐洲央行的規定，不允許政府直接撥款，才會選擇透過商業銀行繞道而為，這已有先例。確切地說，債務贖回基金能夠發行債券供私人銀行購買，私人銀行再將債券直接提交給

---

5 Adair Turner, "Between Debt and the Devil", London 2015.

歐洲央行，讓歐洲央行進行再融資操作。

我了解激烈的抗議無可避免，特別是德國經濟學家們看到這些數額和運作程序之後，[6] 我也能理解這樣的批評。不過我是務實的人。世界各國都會追隨這條道路，因為我們面對的破壞堪比戰爭，而且我們根本沒有財務儲備去應對。

只有各國不分債務水準全部投入，才會公平。唯有如此，德國及荷蘭先前的撙節才能獲得回報。德國的撙節某種程度是以基礎建設、國防和數位化的未來投資不足為代價。德國的撙節政策也造成國民的超額稅負。這就是德國家戶富裕程度不比歐盟其他國家的原因。

對大多數國家來說，這種一次性的債務重整，能夠讓政府債維持在可承受的水準。歐洲央行一如世界上其他央行，為了讓私部門也能輕易提出債務減免，在可見的未來裡都會保持低利率。既然如此，達到國內生產毛額 100％的債務水準應該不會是問題。只有希臘和義大利會高出這個水準，德國的公債僅有國內生產毛額的 25％。

多數讀者可能對債務贖回基金這個提案感到吃驚，擔心通貨膨脹會過高，也認為這個提案並不完備。因此，我在這裡再

6　德國聯邦政府專家理事會在新冠肺炎危機的特別報告中，拒絕其他控制危機的措施，像是國際債券或是出自聯準會的直升機撒錢。FAZ, "Wirtschaftsweise halten Rezession für unvermeidbar", 30. March 2020. 連結：https://www.faz.net/aktuell/wirtschaft/konjunktur/sondergutachten-corona-auswirkungen-auf-die-deutsche-wirtschaft-16703191.html?printPagedArticle=true#pageIndex_3

次強調：

‧ 債務貨幣化在歷史上並不罕見，特別是出於經濟危機和戰爭。

‧ 新冠肺炎危機爆發前，債務負擔已經非常高，所以眼下沒有其他方法能夠降低債務負擔。

‧ 必須要依照所有國家都能受惠於貨幣化的原則去規劃。各國一致採用危機前國內生產毛額的百分比，原因即在於此。

‧ 好處在於這不是債務完全共同化後的一本空白支票，數額早已預先決定，而且取得了共識。由於歐盟各國稅負及社會標準天差地別，前述作法是必要的。

‧ 倘若這始終是一次性舉措，就不一定會有通膨效果，因為這個舉措是在一次通縮衝擊的背景下上演。只有當這個一次性舉措長久鑲嵌在社會中，通膨風險才會出現。

假如德國身先士卒，這樣不僅對穩定歐盟及歐元區有所貢獻，還能獲取鄰國的同情。阻礙貨幣化最終不會有出路，反而會帶來歐元及歐盟的解體風險，導致每個人的可觀財損。

可能的團結互助方式

有計畫地減低債務或許還不夠。如果想要為政府進一步的措施留有發揮餘地，可以將舉債目標值設定在國內生產毛額的60％，用以支應新冠肺炎危機帶來的後果。這個目標值最初設定是在歐元導入時。依此設定，義大利的債務積壓剩下國內生毛額的 40%，相當於 7,000 億歐元左右。法國會是 17%（4,000 億歐元）、西班牙 10%（1,200 億歐元），葡萄牙則是 33%（600 億歐元）。

法國和西班牙有能力應付這樣的債務，不過義大利和葡萄牙是否辦得到令人存疑。葡萄牙的公司債和私募債雙雙處於高水位。歷經新冠肺炎衝擊的義大利，可能也難以藉由提高家戶稅負來降低政府債務。

德國有能力且應當遵從歐盟精神提出幫助。歐盟國家支付系統 TARGET 2 的債權就在這裡登場，多年來這一直是經濟學家們的爭論焦點。有些人說這只是一個結算項目，沒有多大影響力。有些人則將它視為免息免償還的貸款，德國及荷蘭是主要放款人，受款對象有義大利、西班牙和葡萄牙。我個人傾向相信這是一個資產。德國央行（Bundesbank）正式將 TARGET 2 債權當作國外資產操作，正是支持我觀點的實際例子。[7]

2020 年 1 月，德國央行提報 8,100 億歐元的 TARGET 2 債權。債務人主要是西班牙（3,900 億歐元）、義大利（3,830 億歐元）和葡萄牙（750 億歐元）[8]。8,100 億歐元相當於德國國內生產毛額的 25% 左右，是德國出口順差及歐洲南部各國資

7　可見我的部落格「beyond the obvious」及我的著作《*Märchen vom reichen Land – Wie die Politik uns ruiniert*》（Munich，2018），你可以找到更多有關 Target 2 的討論內容。
8　European Central Bank, "Statistical Warehouse". 連結：http://sdw.ecb.europa.eu/reports.do?node=1000004859

金外逃的結果。

只有當德國政府、公司及家戶從南部各國進口更多產品與服務，或是在這些國家投資，TARGET 2 應收款才會減少。這似乎不太可能發生。新冠肺炎危機和國家間相異的競爭力，很有可能帶來相反的情況，讓德國的 TARGET 2 應收款更上一層樓。2020 年 3 月，TARGET 2 應收款已經縱身一躍逾 1,000 億歐元，來到 9,350 億歐元，所反映的最有可能是義大利和其他國家對歐元區未來的擔憂再起而發生的資金外逃。

萬一緊張情勢升溫導致歐元區解體（新冠肺炎的衝擊讓這件事更有可能發生），德國勢必要勾銷債權。歐洲央行正式承擔義務，不過在（部分）解體的情況下，德國會發現它是在為自己擔保，因此會失去這些應收款。

為了協助其他歐元區國家，德國需要活用這些 TARGET 2 應收款。德國政府應該發行「德國歐盟團結基金」（German Fund for European Solidarity），由銀行及保險公司規劃，發行的債券有德國政府擔保，如此一來就不會納入德國的公債數額。和歐盟團結基金類似，德國歐盟團結基金發行的債券，會由德國央行向私人銀行買入。

德國歐盟團結基金會向義大利及其他國家給付價金，這些金額能夠拿來直接投資或融資，一部分甚至可以當作贈與。隨著款項流入義大利、西班牙和葡萄牙，德國的 TARGET 2 債權減低，德國央行的資產負債表再次縮減，最後德國央行是對德國歐盟團結基金擁有債權，而非對 TARGET 2 擁有債權。在歐元區的層級上，這就是一個零利率的長期貸款。

這麼做好處十分明顯：為了協助經濟復甦，德國活用目前價值不高的資產。

這些措施當然不尋常，不過歐元區已經有其他國家執行。在歐元危機和金融危機時期，愛爾蘭就曾以數十億歐元挽救國內銀行，由愛爾蘭央行以緊急貸款的名義資助銀行紓困基金的設立。這個「緊急放貸援助」（emergency lending assistance; ELA）由愛爾蘭政府擔保，屬於歐元體系內央行的正式工具。幾年之後，銀行紓困基金破產了，愛爾蘭政府必須就放款的損失賠償愛爾蘭央行。愛爾蘭政府以發行長期債券來賠償，其中一些債券好幾年都沒有支付利息和償還本金。這些債券又被愛爾蘭央行買入，《金融時報》稱此為貨幣化的經典案例。[9]我們討論的德國金額規模，和愛爾蘭的金額規模不相上下，唯一不同是愛爾蘭偷偷摸摸地做，當時僅有少數媒體知悉。

西班牙也用銀行紓困基金做了同樣的事，以非公開發行個體（private entity）的形式規劃基金，並單獨由西班牙央行印製新鈔來資助。

以這樣的管道救援，不僅可以修整過去 10 年來累積的失衡情況，還能為歐元體系的改革立下基礎，並限縮 TARGET 2

9　Financial Times, "Ireland shows the way with its debt deal", 10 February 2013.　連結：https://www.ft.com/content/a4564eae-713a-11e2-9d5c-00144feab49a

帳戶的角色地位。可以透過美國實行這套機制，因為美國各地的聯邦儲備銀行每年都必須平衡帳目。

經濟振興方案

處理舊債並活用資產，對歐元區受新冠肺炎危機衝擊的國家來說還不足夠。協助經濟復甦也同樣重要，而且需要的努力方式與先前的振興做法不同。這不僅是因為我們面對的是一個特殊危機，也因為受危機衝擊之前歐盟和歐元區事實上體質就不好。低成長、不如預期的創新程度及錯誤的政治優先順序，全都指向一個歐洲版的「日本情境」，只不過是更糟的版本。

然而，我們一如過往設定著錯誤的優先順序，危險依然繼續。實行普及政治方案的呼聲已經越來越高，儘管有些方案並未保證對於繁榮遠景有任何正面效果。近期專訪法國總統馬克宏的《金融時報》，總結馬克宏的論點道：「新冠肺炎可能是一次機會，凸顯出馬克宏努力使資本主義人性化的重要性。在他的看法裡，資本主義人性化包括終結『過度融資』（hyper-financialised）的世界，更努力去拯救地球於全球暖化的嚴重破壞之中，並且藉由投資國內工業部門強化法國和歐洲的『經濟主權』，比如投資電動車電池、醫療設備及藥品等這些歐盟過度依賴中國的產品。」[10]

聽起來的確不錯，尤其是可以逃離投機和槓桿操作。然而，回頭看一下千禧年以來歐洲努力的成果，就不得不抱起懷疑。再說，過去10年來金融危機和歐元危機也讓人振奮不了。該縮減的不是歐洲銀行體系的規模，而是使用財物槓桿的誘因，並且要穩定金融部門。但政客們未有作為，他們一拖再拖。現在又為何要不一樣？

我們依然希望西方世界的從政者自此刻起能有適當作為，這是指藉由提升經濟成長潛能，將錢投資在促進永續繁榮的計畫上。從人口發展的觀點來看，未來幾年我們首先必須大幅提高人均國內生產毛額。唯有如此我們才能解決重擔。

從短期來看，第一步是要復甦蕭條以來的經濟。與先前的蕭條、特別是金融危機時相反，我們的目標對象不是大型工業公司，而是中型公司，尤其是零售和餐旅部門。如同第5章所提，我支持設有使用期限的消費券。倘若決策夠快，消費券的發放仍然可以由政府策劃。每人獲得價值500歐元的消費券，分成10張，每張面額50歐元。公司企業可以使用收到的消費券去繳稅。

消費券的好處在於強迫消費。如果未在一定期限內使用，到期後就會失去價值。或者是直接付錢給每位國民，不過這麼

10　Financial Times, "FT Interview: Emmanuel Macron says it is time to think the unthinkable", 16 April 2020. 連結：https://www.ft.com/content/3ea8d790-7fd1-11ea-8fdb-7ec06edeef84

做就有錢會被存起來而非花掉的風險。有關社會正義的討論會迅速發酵,為此我們同時可以說針對一定收入以上者,消費券的面額要納入 2020 年的應納稅額作為定額稅收。如此一來我們有了快速而無官僚干預的直接撥款,又有短時間必須花錢的誘因,又能顧及之後的社會正義問題。

復甦企業和強化短期消費同樣重要。經歷政府錯誤地依賴舉債和國有化來扶持商業環境,現在我們應該要一筆勾銷這些債務。歐洲央行前總裁、「不惜一切代價」(whatever it takes)的創造者馬里奧‧德拉吉(Mario Draghi),早在 3 月時就已指出這一點。德拉吉在《金融時報》的一次邀稿中,提出不論借方信用等級銀行一律放款的建議,比如不依照風險等級區別借方。德拉吉還主張中止銀行的資本規則,這基本上是在加速破壞金融部門內所剩無幾的清償能力。

然而更重要的是他的以下看法:「私部門帶來的所得損失,以及為填補這個缺口所生的債務,最終都必須由政府的資產負債表全盤或部分吸收。」以及「債務水準再度攀高將會成為歐盟各經濟體的永久特徵,並且將伴隨著私部門的債務免除。」[11]

德拉吉是對的,但無論如何放款都是錯誤途徑,像創業家就會想盡辦法讓欠債壓力低之又低。對於許多公司來說,就算

---

11 Financial Times, "Draghi: We face a war against coronavirus and must mobilise accordingly", 25 March 2020. 連結:https://www.ft.com/content/c6d2de3a-6ec5-11ea-89df-41bea055720b?shareType=nongift

極少的貸款都撐不下去，因為公司的資產淨值和流動性都太低了。企業倘若必須在肺炎疫情衝擊過後為償還債務疲於奔命，根本不會有錢投資、創新和擴張。所以說，正當企業該要花錢時卻處處受阻，這樣就會阻礙復甦。

債務減免必須要快且充足，最重要的是規則必須清楚，唯有這樣企業在擘畫未來時才有安全感。不確定感在經濟上是一種負擔，再怎麼說都和財務負擔一樣沉重。

當一些國家已經在討論設立信託代理機構，處理龐大的國有控股和國家債權，我會建議即刻且公開透明地勾銷對私部門的債權，也可以依照第 4 章列出的原則來進行。

這麼做是公平的，畢竟危機也不是這些相關企業造成的。在金融危機時，大規模將私人銀行國有化並讓股東們承受損失，這麼做是對的，因為他們必須為金融危機負起責任。新冠肺炎是一個外部衝擊，從各方面影響企業。當然，個別案例顯示肺炎危機之前已經有企業在資產淨值不足下營運。然而，危機發生後要做出區別難上加難，而且會阻礙迅速且無官僚干預的解決方案施行。我們必須接受完全的公平不可能達成。

結論就是：為了在短期內復甦經濟，我們需要消費券或是直接撥款給民眾，同時對需要政府扶持才能生存的企業提供及時的債務減免。

重啟經濟

歐盟經濟的短期穩定應該仍不足夠。一如我們在第 6 章所見，此刻的歐盟會被未來淘汰，而現在我們有機會改弦易轍。經歷新冠肺炎的衝擊，改變的共識更容易達成。在此同時，政府債務的重整也能幫助刺激經濟。

經濟成長與帶來的繁榮，基本上依賴 2 個要素：

- 勞動力成長。
- 生產力，例如受雇人口的平均國內生產毛額。

我們知道近 10 年的人口變遷，使得歐盟大多數國家的勞動人口都將開始萎縮。法國倒是個顯著的例外。

就歐元區來看，德國的經濟發展尤其重要。如我們所見，德國這個經濟體的國內生產毛額占歐元區這個貨幣聯盟的生產毛額將近 30％。讓團結互助靠得住，讓德國能夠出一份力，所有這些努力前提都建立在德國的經濟能夠持續壯大，但這並無保證。根據德國聯邦統計局（Federal Statistical Office）的資料，德國的工作年齡人口（20 歲到 66 歲）到 2050 年時，將從今日的 518 萬萎縮成 477 萬到 432 萬之間，端看人口移入的情況。到了 2030 年，德國的勞動力將萎縮 260 萬，來到 350 萬人，人口變遷影響甚鉅。根據貝特斯曼基金會（Bertelsmann Foundation）委託奧地利經濟研究所（Economic Research

Vienna; Wifo）科學家所做的估算，到了 2040 年德國的人均所得將會減少約 3,700 歐元。整體說來，德國的國內生產毛額將會比人口穩定增加時短少 2,740 億歐元，而接下來數十年這個缺口會大幅擴增。[12] 同樣情況或多或少也將在歐盟其他國家發生。

為了對付這個挑戰，歐盟需要能夠減緩勞動力下降並增進生產力的計畫。這項計畫在沒有新冠肺炎衝擊下早就需要了，肺炎危機過後更是不可或缺。

穩定勞動力的手段不是冷知識，但不一定受到選民的歡迎，如下：

· **高人口移入**

模擬勞動力的發展情況時，我們已經將一定程度的淨移入納入。以德國為例，假設要有 20 萬人口淨移入，就相當於總移入人口要達到 50 萬。在民眾抗議聲浪不斷翻升的前提下，很難展望未來有更高的人口移入率。此外，有一個時常被忽略的因素現身了。光是人口移入還不夠，為了對社會有所貢獻，這些移民有必要符合一定資格，而且要和移入國家的住民們有相同的平均收入。從這方面來看，移民德國和大多數歐盟國

12　Die WELT, "Deutschlands globaler Abstieg scheint ausgemacht", 1. February 2020. 連結：https://www.welt.de/wirtschaft/plus205495237/Deutschlands-globaler-Abstieg-scheint-ausgemacht.html

家，注定是失敗一場。

・提高退休年齡

　　話說到底，唯有退休金繳納年數與可領取年數保持常數關係，才叫公平。最簡單的做法是採用一個平均餘命係數，搭配退休年齡的自動調整。如此可以讓所有世代的人都能領到退休金，只要資格符合。以德國為例，1950 年代幾乎得要繳納 3.5 年才能換得 1 年的退休金。今日已經降到 2 年換得 1 年，而如果不採取任何行動，到了 2030 年就會低於 2 年。你不必是數學家也能理解這樣下去不行。計算顯示這樣的平均餘命係數能夠縮小退休金的永續性缺口（sustainability gap）達 37.9 個百分點，或是 1 兆 2821 億歐元左右。[13]

　　這樣不僅公平，也比壽命延長更合情合理。2015 年德國男性的平均壽命是 78.4 歲，女性的平均壽命是 83.4 歲。這表示自 1870 年代以來，德國人的平均餘命快速成長逾 2 倍。[14] 60 歲男性的平均餘命是 22 年，70 歲男性的平均餘命是 14 年。女性的情況更佳，60 歲女性的平均餘命達 25 年，70 歲女性的平

13　Stiftung Marktwirtschaft: "Ehrbarer Staat? Wege und Irrwege der Rentenpolitik im Lichte der Generationenbilanz", 22. November 2019. 連結：https://www.stiftung-marktwirtschaft.de/fileadmin/user_upload/Pressemitteilungen/2019/Rentenpolitik_PG_22.11.2019/PK-Folien-Ehrbarer-Staat_Rentenpolitik_2019-11-22_Druck.pdf

14　Statista, "Entwicklung der Lebenserwartung bei Geburt in Deutschland nach Geschlecht in den Jahren von 1950 bis 2060(in Jahren)". 連結：https://de.statista.com/statistik/daten/studie/273406/umfrage/entwicklung-der-lebenserwartung-bei-geburt--in-deutschland-nach-geschlecht/

均餘命達 17 年。[15] 這顯示出壽命增加伴隨更長時間的健康生命並不是問題。

國家如日本早已體認到這一點，也朝著這個方向努力。從 2013 年到 2016 年，日本男性的平均餘命增加 9 個月，預期的健康生命時間也增加 1 年。回到歐洲，平均餘命的增加停滯不前，因為吸菸人口降低的效果已經納入計算。[16] 不過，這並不代表我們不能努力增加平均餘命，或是增加健康生命年數。

· 提供延長工作年數誘因

除此之外，刺激人們在過了退休年齡後繼續投入勞動市場，應該是有可能的。德國 65 到 74 歲的人之中，有將近 11％仍在工作。[17] 顯然，促進長者的勞動力參與率可以也應該做到。提高退休年齡帶來的效果無可爭議。除此之外，重點也應該放在如何以聰明的創新方式，達成工作生涯與退休生活的變換自如。這還包括考量到年長員工的生產力降低，為此在薪資結構上做出調整。進一步的措施更包括例如訓練年長者適應當前的就業市場。企業也必須加把勁兒，將工作場所設計成對

---

15 Statista: "Erreichbares Durchschnittsalter in Deutschland laut der Sterbetafel 2016/2018nach Geschlechtern und Altersgruppen". 連結：https://de.statista.com/statistik/daten/studie/1783/umfrage/durchschnittliche-weitere-lebenserwartung-nach-altersgruppen/

16 *Financial Times*, "The world must wake up to the challenge of longer life-spans", 28 February 2020. 連結：https://www.ft.com/content/b517135e-5981-11ea-abe5-8e03987b7b20

17 Die WELT: "Was Unternehmen Senioren bieten müssen, um sie im Job zu halten", 12. July 2017. 連結：https://www.welt.de/wirtschaft/article166579087/Was-Unternehmen-Senioren-bieten-muessen-um-sie-im-Job-zu-halten.html

年長勞動者具有吸引力，並且提早啟動適切的訓練機制。[18]

・降低稅負及社會稅（social charge）

在許多國家，延長工時或一邊工作一邊領退休金相當地吸引人。這些地方的政策必須徹底改變，讓增加工作年數變得吸引人。特別是低收入者，稅負及社會稅都必須降低。缺口可以由對高收入者課重稅、富人稅或是碳排放稅來彌補。

這些絕非全部的手段，不過我們還是可以用相當簡單的干預，應對人口變遷帶來的挑戰。勞動力降低和高齡化社會帶來的成本增加，都可以得到處置。截至目前為止，我們的執政者還是希望可以一如往常逃避做出不受歡迎的決定。現在經歷新冠肺炎衝擊，一旁又有歐盟與國際政治讓政府支出呈現攀高潛勢，執政者們真該好好設想適合的誘因了。

然而，息息相關的不只是勞動力規模，還有生產力多寡。根據德國聯邦經濟部（Federal Ministry of Economics）的估算，從 1992 年到 2016 年，德國的就業人口生產力每年平均提高0.9％，與同等國家的 1.3％相比明顯較低。[19] 其他國家也有類似的情況：

18　Robert Bosch Stiftung: "Produktiv im Alter", October 2013. 連結：https://www.bosch-stiftung.de/sites/default/files/publications/pdf_import/BI_ProduktivImAlter_Online.pdf

19　Federal Ministry for Economic Affairs and Energy, "Wachstum und Demografie im internationalen Vergleich", July 2015. 連結：https://www.bmwi.de/Redaktion/DE/Publikationen/Wirtschaft/wachstum-und-demografie-im-internationalen-vergleich.pdf?__blob=publicationFile&v=3

圖 14 各國生產力成長比較
以百分比表示相較於去年的變化

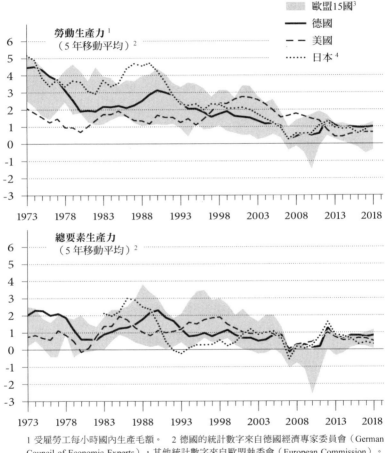

1 受雇勞工每小時國內生產毛額。　2 德國的統計數字來自德國經濟專家委員會（German Council of Economic Experts），其他統計數字來自歐盟執委會（European Commission）。3 歐盟 15 國表現排除最高和最低數值。　4 缺少全部期間的數據。

資料來源：*Council of Experts of the Federal Government, "Produktivität: Framework conditions improve", National Productivity Report 2019：https://www. sachverstaendigenrat-wirtschaft.de/fileadmin/dateiablage/gutachten/jg201920/2019_ Nationaler_Produktivitaetsbericht.pdf · Europäische Kommission · Statistisches Bundesamt*

　　提升整體經濟生產力的手段所知如下：政府及私部門的更多投資、提高人口教育程度、扶持研究及創新，以及鑒於自動化、數位化浪潮湧現所做的相關科技推廣。高齡化社會更應該視此為一次絕佳轉機，而非威脅。上述每一點都可以另寫成一本書。

　　下頁圖 15 列出 2019 年各國家戶、企業及政府的投資水準作為例子。

　　如果我們忽略南韓（不同文化且發展方向不同）和挪威（拜天然資源之賜成為富裕國家），投資水準維持在國內生產毛額的 25％，似乎是個不錯的目標。歐盟大多數國家都低於這個水準。一些國家如義大利和葡萄牙，公私部門的投資皆不足。其他國家如德國和西班牙，公部門投資看起來不太夠。至於荷蘭等其他國家，則是私部門的投資相對較低。

　　當然，政府不能夠指示私部門要投資多少，僅能透過誘因和商業條件間接提出幫助，讓企業發覺投資特定地方頗具吸引力。相反地，公共投資水準就能由政治去定義。

　　為了促進民間投資，稅制必須要重整。必須要大力推動研究與創新的投資支出，以及員工的進修訓練。所有這些加上降低的整體稅負，會讓歐盟再次成為國際上的投資聖地。

　　公部門投資的一個明顯範疇就是對抗氣候變遷。我對公共政策的效能感到懷疑，德國的經驗尤其令人擔心。儘管德國為了再生能源豪擲數十億，招致境內能源價格飆高成為歐洲之

圖 15　2019 年各國投資占國內生產毛額的百分比

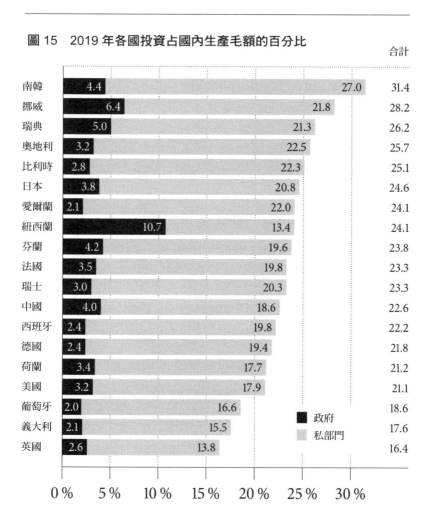

合計

國家	政府	私部門	合計
南韓	4.4	27.0	31.4
挪威	6.4	21.8	28.2
瑞典	5.0	21.3	26.2
奧地利	3.2	22.5	25.7
比利時	2.8	22.3	25.1
日本	3.8	20.8	24.6
愛爾蘭	2.1	22.0	24.1
紐西蘭	10.7	13.4	24.1
芬蘭	4.2	19.6	23.8
法國	3.5	19.8	23.3
瑞士	3.0	20.3	23.3
中國	4.0	18.6	22.6
西班牙	2.4	19.8	22.2
德國	2.4	19.4	21.8
荷蘭	3.4	17.7	21.2
美國	3.2	17.9	21.1
葡萄牙	2.0	16.6	18.6
義大利	2.1	15.5	17.6
英國	2.6	13.8	16.4

■ 政府
　 私部門

0%　5%　10%　15%　20%　25%　30%

資料來源：*latest available data per country，International Monetary Fund，"World Economic Outlook Database, January 2020 update"(for total investment relative to GDP：https://www.imf.org/ external/pubs/ft/weo/2019/02/weodata/index. aspx)，OECD "Investment by Sector" (for the government share：https://data.oecd.org/gdp/investment-by-sector.htm#indicator-chart)，bto calculations*

最，但是德國仍舊未能達到二氧化碳的減量。如果德國一如以往愛動不動，達成碳中和的代價會是 4 兆歐元以上。一個效率與效能兼具的方式是執行碳價格，最好是在歐盟層級。採行的機制應該是碳排放憑證或二氧化碳稅，而其他稅負應該降低以為補償。

強化成長動力

歐盟及歐元區毫無疑問需要徹底改變。除了借用激烈且非典型的措施處理債務過多問題，還需要一個真正的改革時程表，集中心思為每個人創造更多福利。面對高齡化社會、人口移入壓力、氣候變遷和歐洲的國際地位這些未來挑戰，更高的經濟成長是先決條件。

強化成長動力其實是指鼓勵越多人投入工作並增加生產力。這需要靠降低稅負、輕鬆過渡到就業生活、更多投資和教育創新支出來達成。此刻的我們身處後新冠病毒世界，終究不能只是散布政治口水，更要起身力行。

第 10 章

企業如何生存與勝出？

783.134
458.274
120
459.192
76.4308

- 企業適應新經濟的15個思考
- 新冠病毒即將終結

鑑於新冠肺炎危機和政治上的因應，許多本書的企業主讀者可能會自問：正確的前進策略是什麼？

因此我決定加入這一章，分享一些想法。2009 年金融危機時，我與前同事大衛‧羅迪斯（David Rhodes）曾就如何應對危機撰寫一系列文章[1] 和一本專書[2]。如今，大家可能想說只要再次翻閱這些出版物、把案例更新就足夠了。然而這麼做絕對是錯的。

當然，某些一般要點彼時此時俱皆適用，只要順著這個座右銘：「降低成本並增加銷售，絕對會有用。」至於其他建議，不僅毫不相關，一些還是錯的。這是因為比起金融危機，新冠肺炎危機對經濟和企業的衝擊更加徹底。政府主導的紓困措施與 10 年前相比截然不同且更加全面，同時也永久改變了競爭規則。最後，最能適應新規則的企業就會是贏家。

企業如何適應這個新世界，我有以下 15 個想法：

企業適應新經濟的 15 個思考

1. 迅速如常

就短期來看，生存下來最是重要。這是指要有流動性，在

1   HARVARD BUSINESS REVIEW, "Seize Advantage in a Downturn", February 2009. 連結：
     https://hbr.org/2009/02/seize-advantage-in-a-downturn
2   "Accelerating out of the Great Recession – How to win in a slow growth economy", David
     Rhodes and Daniel Stelter, New York, 2010.

現今的環境裡尤其重要，因為政府的協助只能透過貸款或參貸的形式獲得。為了避免這種情況，也為了肺炎危機過後公司還有能力作為，無論如何都該為了保有企業的流動性作準備。一旦穩住流動性，你就能安心地按部就班提出下一步措施。

　　過往的經濟衰退給我們的教訓是反應越快越穩的企業，撐過危機的能力越勝於他人。試想一下在高速公路上剎車，一開始就大力地剎總比太慢剎來得好。因此，在危機初發時就踩下成本剎車，會比一拖再拖、混亂之中才過度反應來得好。不過，果斷的行動需要長期計畫，也就是說，經理們應該要知道哪個計畫涉及未來的成長領域，哪個計畫又將面臨徹底的重整甚或存在危機。如此才有可能思考機會將從哪裡現身，而我們需要做些什麼，才有辦法好好利用。

2. 為不同情境設想不同計畫

　　對企業來說，主要問題在於難以計劃。流行病學家無法肯定目前採取的措施是否足夠、我們是否不必預期進一波的傳染和隨之而來的限制措施。想一想 1918 年西班牙流感（Spanish flu）的第 2 波及第 3 波傳染，新冠病毒大流行也極有可能會像這樣，以幾波傳染的形式出現。只要有效的藥物治療或疫苗仍不可得，就必須考量數波傳染的風險。最糟糕的情況是在未來 2 年的公共生活中，限制措施會一再出現。

　　因此，企業有必要清楚定義出不同的商業情境，以及不同情境下銷售和成本結構會如何反映：

- 不太可能的Ｖ形走向，僅有一些產業及企業有可能發生。
- 基本的Ｕ形走向，在此情境裡我們會在下半年開始復甦。
- Ｗ形走向，疫情再度流行，限制措施再起。
- Ｌ形走向，可以加入Ｕ走向和Ｗ走向，例如一個持續不同的新局面，或是需求降低的新局面。

情境的評估因為政治動態的不可估量而更加複雜。歐盟的平均分擔爭議、持續延燒的貿易爭議，以及其他地緣政治的是非之地，讓不確定性大幅增高。

對企業來說，以周全的財務模型模擬這些情境是值得的。這些情境對銷售、成本和自由現金流來說意味著什麼？是否有些業務範圍受創甚深？能夠做什麼來加以對抗？檢視資產負債表也相當重要，隨著事態發展，資產不太可能毫髮無傷。不同情境的權益比率又是如何？必要的話，能做什麼讓股東權益增加？

3. 評估競爭力

無論如何，標竿學習都是必要的。你了解你的競爭對手、公司的定位、你的優勢與弱勢。在某一情境下，競爭對手會比較好對付還是比較難對付？這樣的分析一方面可以幫助你釐清行動的選項與優先次序，另一方面能夠透露出是否有合作甚至收購的機會。如果針對某些顧客群，競爭者不再提供適切的服務，你就可以特別針對他們展開行動，以獲取市占率。

你為組織和競爭對手設想的情境及所做的估算，應該要用來釐清公司內部需要哪些措施。

4. 貸款及政府參與會改變遊戲規則

與 10 年前相比，如今更難設想未來發展的情境，政府介入的影響層面也更加廣泛。金融危機關乎銀行部門的穩定性。今日我們面對的是實體經濟規則的徹底改變。在政府建構援助措施的當下，我們正朝公司債大幅提高及政府參與度提升的道路邁進。這不僅改變了企業間的競爭態勢，也改變了個別公司的競爭力。

無論政府參與的形式是資產還是負債，令人擔心的是將導致通常早該離開市場的企業繼續留在市場內。例如，可想而知這些企業為了贏得訂單會採取掠奪性定價，這樣的作為在企業專注追求流動性時十分尋常。這種方式長期下來有損企業競爭力，不過價格壓力短期內就會讓市場所有參與者難以應對。除此之外，大家有可能越來越傾向獲取不公平的競爭優勢。企業因此又必須強化各自的反托辣斯訴訟能力和專利保護。

另一方面，政府介入會阻礙產業的重整與產能過剩的調整，對於無法再倚靠過往總生產量生存的市場來說尤其是如此。航空產業或許是一個例子，企業經理們得出結論，越來越多溝通可以透過視訊會議完成，面對面會議的必要性已經逐漸減少。實體零售業也是如此，相較於線上零售業，實體零售業的市占率很可能加速流失。

從現在起，政府介入造成的扭曲效果，一定要納入企業決策中一併考量。這代表著企業與競爭對手過招，激烈程度勢必甚於一般。對手會尋求什麼策略？政府介入會如何扭曲態勢？是否有機會因為對手財務疲弱而受益，藉此收購或是併購？

5. 重拾獨立地位

政府參與對企業的行為有直接的影響：一是企業為了自身利益，會善加利用政府介入帶來的保護（如果有的話）。一是企業會想盡辦法清償負債，且越快越好。企業若必須仰賴政府援助才能度過危機，就一定要有一套還債策略。還債或許沒有必要操之過急。執政者們很快會理解到，債台高築的私部門若只顧降低非自願產生的負債，就無法對經濟復甦提出貢獻。因此，債務減免措施會是首要討論的議題，範圍可從長期的利息遞延支付到債務勾銷。

太快還債的企業最後可能顯得愚蠢。最好是採取拖延戰略，協商債務重整與減免，同時將資金用於企業投資。最重要的是藉由創新及調整商業模式來獲取競爭優勢。經驗告訴我們，疫情大流行會導致市場結構劇變，永久改變消費者行為及偏好，因此及時應對非常重要。

6. 核心策略是韌性

新冠病毒帶來的啟示是嚴重的外生衝擊（exogenous shock）難以克服。為此我們必須設想：未來這樣的衝擊多少都要納入投資人及債權人的風險評估之中。為此，股東權益及流動性的要求都會提高。

評估商業模式及企業的韌性，財務槓桿是一項關鍵因素，此外還有營業槓桿。這裡指的是成本調整的彈性。肺炎危機顯示出成本彈性的重要價值，有必要審慎看待價值鏈。危機讓我們有機會加速將非關鍵活動委外，並且重新規劃供應鏈；後者既是機會也是威脅。可以想見新冠肺炎的衝擊將大幅推升現有的產地遷移趨勢。損益平衡點必定要降低。

7. 激烈地降低成本

這還包括激烈地降低成本，最為人熟知的是成本降低潛力。景氣好時根本不必也不會想要實施這些措施，而今是時候實行原本被認為不可能做到的成本縮減。由於這些措施以往都曾鑑定過，指錯成本降低矛頭也不致帶來危險。總之在此刻的環境裡，要做老早就該做的事。

在可見的未來，於談判桌上糾正長久以來的效率低落問題，不會再像現在這樣受到支持。漢莎航空（Lufthansa）結束子公司德國之翼（Germanwings）的經營，就是在這麼做。德國之翼長年飽受成本居高不下之苦。漢莎採取的方式可能有些強硬，不過這個例子顯示出肺炎危機提供了一個難能可貴的機會，讓企業去對付根本的問題。

這包括將先前承受成本劣勢或組織變革的工廠關閉，汽車產業就是絕佳的例子。無論如何，轉換到電動車即表示許多舊技術很快不再受用。利用既有產能已經不切實際；此刻就宣布關廠，以危急的肺炎危機當作合理的關廠理由，顯然是一個選項。若是在復甦階段，這麼做會困難許多，也會面臨激烈的反抗。

典型的成本降低領域在於管理層級的移除、核心職能的集中化，以及將收支勉強平衡的工作委外。在今日的商業環境裡，應該也有很好的機會與供應商談判。

檢視投資預算也是順著降低成本的道路走。儘管在理論上已經有許多思考，但大多數企業還是在傳統商業領域的舊技術升級上投資過多，而在新的商業領域裡投資過少。企業顧問們會說搖錢樹得到的太多了，而企業投資組合中的明日之星卻沒有被餵飽。這也是尋常時期過於固執的結果，應該利用肺炎危機之時有效地反制才是。

如果你對於這些措施造成的結果仍然存有疑慮，可以自問當對手有機會利用激烈的成本刪減措施而你不善加利用時，情況會如何？未來幾年就算有追趕對手的機會，要追上也是難上加難。

8. 銷售是王道！

抓住機會從結構上大幅降低成本很重要，規劃銷售時有更高的一致性也同樣重要。銷售不僅取決於價格，更重要的是能在復甦之時有一個激勵人心且充滿力量的開始，例如給予行銷人員更強烈的激勵措施。行銷費用也同樣適用於此。現階段的目標應該放在激勵即時購買上，而非專注於長期形象的建立。

隨著肺炎危機朝每個人襲來，競爭的激烈程度將會急速上升。基於這個原因，一定要準備好適當的行銷方案，而且一定要與顧客分析並進。許多消費者在危機期間收入減少甚或沒有收入。然而，其他族群卻是持續產生正常所得，並且因為限制措施而使得花費減少。這裡暗藏著潛在購買力，透過聰明之舉能夠將之導往你要的方向。對於一定時間後才可取貨的產品，例如需要時間運送，產品供應商應該要在解封之時透過現有機制取得付款，否則這些金額會流向即時可得的產品消費。可想而知此時可以利用優惠券同時宣傳特殊折扣。

9. 維持可靠夥伴的身分

社會信譽是值得的投資，特別是在這樣一個特殊的情況下。無論顧客、供應商、員工及投資者，都適用這一點。每個人或多或少都遭受到肺炎危機的衝擊。倘若像愛迪達（Adidas）這樣的全球企業都帶頭停止繳納租金，就算這麼做是為了安撫股東，也會讓聲譽更嚴重地受損。

　　當然，房東們出於個人利益也是得要做出貢獻，才能確保租戶們獲得流動性及資本實力。不過，以合作形式達成這點很重要。供應商、顧客及員工也同樣適用。假如公司的財務實力豐厚，足以在這時幫助商業夥伴，這樣會大幅提高公司的聲望與信任，在未來絕對足以成為競爭優勢。信任是重要的資產，而且理當如此。

10. 善用經濟方案

　　從肺炎危機中恢復需要時間。許多公司重新開始生產的步調會相當緩慢，因為缺少產品的組件，這些組件本身也需要時間製造。餐廳只能遵照社交距離的規範安排桌椅，許多開門營業的業者因此無法獲利。大型活動、演唱會、酒吧和其他人與人密集接觸的地區，有可能受到管制更長一段時間。為了刺激復甦，執政者們已經在討論經濟方案。

　　除了短期的現金投入以支撐消費，大規模的支出方案可能已經排入政治議程，對象會是疫情大流行之前就已成為議程焦點的領域。針對基礎建設、數位化及氣候變遷的對抗措施，資助力道將會更勝以往。這一次從政府的支出方案中受益機會難得。企業應該好好想一想如何自額外的需求中獲益，或是如何運用預料之中的補助去資助未來的投資活動。

11. 為去全球化做準備

在新冠肺炎危機發生前，全球化的價值鏈就已經退縮，起因包括金融危機、保護主義漸增（甚至在川普以前即有），以及科技的變革。致力減排二氧化碳與此態勢方向一致，傾向有更多的生產在地化。新冠肺炎危機則是清楚顯示出全球價值鏈有多麼脆弱。

企業及執政者為此推動生產結構的再區域化。這麼做是機會也是風險。機會好比說在歐洲建立起更多生產基地，風險則是針對那些附加價值集中且全部或部分仰賴出口的企業而言。企業將無法躲避在銷售地生產更多產品。這麼做除了可以累積起適當的產能、吸引適合的員工，還會造成智慧財產的保護要求提高。此外，務必要檢查你是否與面臨到類似挑戰的其他地區公司合作，以及你與合作公司在價值鏈的轉換上是否相互提攜。

12. 留住並訓練員工

首先，所有的措施目標都指向降低員工人數。考量到恢復競爭力與面對後新冠病毒世界的心態，降低員工數是正確的。但若考量日益浮現的人口轉型趨勢，則降低員工數是有問題的。以德國為例，近年來德國企業維持的員工人數高於所需，以滿足此刻的生產需求，也為即將到來的勞動力下降做準備，德國企業因此一直承受生產力下降的問題。現在問題在於調整成本，如此一來，與未來商業模式相關的人員才能留在公司內接受相關的訓練。

自動化和數位化同時也在加速成長。再區域化無疑與成本壓力關係密切，而對抗成本壓力只能透過持續利用科技來達成。這裡也是一樣，趁著肺炎危機好好克服公司內部現有的反抗。考量到存亡威脅，人們應該會更容易點頭答應採取行動。

無論如何，關注創業活動的生產力提升是必要的。眼看經濟可能進一步發展成更悲觀的局面，可以假定企業在邊際利潤上的壓力將會大幅增加。增加的成本不能全數轉嫁到顧客身上。

13. 通膨回歸

鑒於各國央行在金融危機發生後採取的措施，不少觀察者都預期通貨膨脹會歸來。這並沒有發生，因為大多數資金都卡在金融體系內，導致資產價格膨脹。但這一次應當會有所不同，未來幾年各國央行的行動會更具衝勁。由於這些行動牽涉到更高的政府支出、對抗氣候變遷的措施，以及（局部的）反轉全球化，物價上漲可以想見。此外，過往的疫情大流行清楚帶來這個教訓：疫情過後一直都有工資大幅上升的現象。不僅黑死病和西班牙流感爆發後是如此，傷亡者明顯少很多的流行疫情也是這樣。

這就是企業勢必將面對成本提高的原因，也是為何在成功控制疫情大流行之後、經濟復甦的初期階段，企業得要面對全面性的通膨環境。將增加的成本全面轉嫁給市場是困難的。此外，我們缺乏應對高通貨膨脹率的經驗，因為最近幾十年來市場環境大多傾向通縮，而主要原因是全球化。企業除了要更加關注成本及效率，還必須調整並充實價格管理的分析能力。創新的價格策略越來越重要，例如估算顧客所能省下的金額，以此顧客利益決定價格變異。又例如採用租賃模式，而非直接銷售產品。

14. 一個新世界

　　顯然，這次危機會被拿來和 1930 年代的經濟大蕭條相比較。那次衝擊讓全世界陷入經濟蕭條，最後只能靠增加軍備與戰爭來克服困境，而兩者都是由央行資助。不過，不是只有經濟大蕭條可以相互比擬。那時我們正處於技術徹底變革的階段，包括能源生產、汽車工業、貿易及整個工作領域。今日與當時毫無不同，因為我們一直在經歷近幾十年來最激烈的變動很長一段時間。而今危機將會催生改變，我們都將親自發覺這個事實：肺炎危機之前即已存在的趨勢，如今許多正在加速發展，其他則在消退之中。

　　改變將會非常徹底，更改現有規則的速度比之數週以前想必更加快速。中國的經驗也是這麼呈現。儘管解封之後經濟已經復甦，電力消費在 3 月底也達到危機前的 8 成水準，但消費者仍就處於驚恐之中。調查顯示中國民眾打算減少外食機會，比先前花費更多在健康照護、醫藥和保健食品上頭。當然，認為這是一個永久的改變還言之過早。不過在疫情不斷發展的當下，分析先行國家的案例絕對是值得的。

沒有企業有能力設想自己足以回復到肺炎危機前的狀態。目前還無法預測疫情對消費者行為及偏好造成的心理後果。正因為這樣，設想完整情境才很重要，如此才能模擬新冠肺炎衝擊如何影響你的顧客。眼光要放長遠，要將整個結構的轉變納入考慮，而且不能只處於被動、也要主動出擊。在現有的發展態勢下，你能如何促進商機並從中獲益？

15. 展開攻勢！

現存的問題一旦解決，就是主動出擊的時候了。接下來幾個月內，企業若已經努力看清自身風險並加以掌控，就會擁有許多機會。接管競爭對手、以低價購得資產、獲得政府補助，是時候好好想一想這些，你已經有充分條件迅速作為了。

除了獲取市占和接管對手，最該關注的是新科技帶來的機會。我們即將經歷大規模數位化和自動化提高，產生截然不同的商業機會及模式。我們要以新機器、新系統及研發上的投資來因應，尤其當所有企業有了大舉增加效率和生產力的需求時，對於相關生產設備的需求就會增加。

因此，應該要好好利用現階段的活動減少，趁此時減少成本並調整銷售策略，同時提升創新實力。在研發和生產部門之間，創新的潛能尤其可觀。此刻好好以相對冷靜的態度致力處理根本問題，絕對是合理的。過往經驗顯示出危機讓企業有機會大幅攫取市占，只要企業能夠順勢而為，最重要的是能夠比競爭對手還要迅速。

新冠病毒即將終結

到了那時，一如上述不完整的條列所示，會有一長串措施用來確保生存，並為經濟好轉做出準備。並非所有措施都和特定案例有相同程度的相關性，毫無疑問你必須訂出先後順序。排序的原則應該包括急迫性、財務衝擊、實行難度以及相關風險，再根據明確的計畫一一實踐。

針對前述採用一個危機管理團隊有其道理。這個團隊應該定義出措施的優先順序、分配資源給各個工作部門、監督實行進度，並且依據經濟環境做出調整。展開全面作為的企業不僅更有機會撐過危機，也能好好利用危機帶來的機會。

此等重大衝擊好的一面是徹底破壞了現有規則。路易‧巴斯德（Louis Pasteur）有句名言是「機會只留給準備好的人」。肺炎危機是一個意外衝擊，但接下來數月浮現的機會已經可以預料。好好利用吧！

第 11 章

新冠病毒是變革的催化劑

783.134
458.274
120
459.192
76.4308

- 病毒、戰爭與未來趨勢

- 亞洲的崛起

- 聖誕節之前，一切會結束嗎？

在西方，問題經年累月早已越積越多，形成的環境是經濟成長微弱、所得停滯、財富分配越益不均、負債漸增且投機風氣漸長。這些都是金融及歐元危機遲未解決的直接後果。

此刻我們身處的是 10 年來第二次的嚴重經濟危機，前述問題因此盡顯。執政者們的作為透過放大鏡來看，很明顯是在閃避讓人難受且不受歡迎的決定。針對前述問題的解方，就政治來說一樣毫不討喜：我們必須拒絕對低息資金上癮，相反地，要轉而投入增加生產力、減低過度負債的實在改革。此外，在歐盟內部，歐元已經越加讓各經濟體分歧而非團結一致。

從政客的角度來看，病毒這個外部衝擊造成的危機真是可遇不可求，讓他們有絕佳的藉口，為近幾十年來造成的政治破壞後果提出補償，結果是仰賴更多的負債及空頭支票。

央行資助政府的程度竟然與二戰時期相等，而且讓歐元區全體共同分擔債務，直到最近這些都還難以想像，如今已經或是很快就要成為事實。

病毒、戰爭與未來趨勢

顯然，此次與 1930 年代的經濟大蕭條十分類似。時間來到「狂飆的 20 年代」末，全球正面臨著高負債水準、投機漸增與國際間的失衡現象。衝擊讓全球陷入通縮性蕭條，各國唯有透過提高經濟軍事化程度來克服困境，最終導致第二次世界大戰，一切花費全由各國央行埋單。

　　然而，可相比擬的還不只這些。當時一如現在，人們身處技術徹底變革的階段。一些新工業比如汽車、化學、航空等徹底改變了經濟與人民的生活。伴隨各階段技術變革的還有金融市場和實體經濟的大幅動盪。已立足的產業為了生存而奮鬥，努力自我轉型以邁入這個新世界。新的產業甫以日益增強的實力站穩腳步。傳統產業透過財務工程而非投資新科技來努力提升利潤，這麼做並不罕見，卻是始料未及，近年來我們觀察到這樣的現象。

　　一如以往的危機，此次的肺炎危機也將催生更多改變。我們將會注意到許多危機前即已存在的趨勢將會加速發展，其他則會消退。其中一些趨勢如下：

　　• 數位化及線上交易已經有了巨幅成長。即便沒有新冠病毒，現有供應商數量減少也是預料中事，只是現在他們正以更快的速度消失。存在於市中心的商店數量將會越來越少。

　　• 經驗顯示線上會議能夠取代到世界各地出差。航空公司得花很長一段時間，才能回復到肺炎危機前的水準，如果真的有辦法再次達到的話。

　　• 經證實，在家工作不一定就會比在辦公室工作的生產力要差。「居家辦公室」在後新冠病毒世界中勝出。

　　• 此刻全球化倍感壓力，我們很樂意接受國內生產帶來的較高成本。

- 自動化、數位化及機器人使用浪潮正大舉挺進。
- 企業會再次謹慎營運，藉由較高的股東權益比以及更穩定的價值鏈，讓自身更加免疫於各種危機。
- 通膨回來了。原本考量到人口轉型，就已經預期通膨回歸，而今將會更快發生。

我們只能盼望執政者會持續留意 1930 年代學到的教訓。他們在貨幣政策及政府振興方案等方面已經有所作為。為了防止新的經濟大蕭條來臨，各方面都已經開始部署，藉此限縮給人民帶來的經濟後果。執政者持續倚靠合作而非衝突來解決問題，幾乎同樣重要。經濟大蕭條惡化於各國競逐保護主義之時。新冠病毒肆虐之前，保護主義趨勢已經成形，不僅是因為川普的立場。政府的貿易干涉，自金融危機以來已經大幅增加。

執政者傾向加強保護主義作為，我們應該加以反制。如果連值得信賴的《華盛頓郵報》（*Washington Post*）討論肺炎病毒時都說可能源自中國軍方的一座實驗室，激烈的貿易戰會從可能變成現實的威脅，[1] 讓復甦更加奄奄一息。

我們能夠跳過 1930 年代的破壞性階段，直接往重建階段邁進，對此我仍然有信心。具體地說，這是指各國懷有積極的

1　The Washington Post, "How did covid-19 begin? Its initial origin story is shaky", 3 April 2020. 連結：https://www.washingtonpost.com/opinions/global-opinions/how-did-covid-19-begin-its-initial-origin-story-is-shaky/2020/04/02/1475d488-7521-11ea-87da-77a8136c1a6d_story.html

政府政策，各國央行慷慨相助，讓經濟能夠全面復甦。不過這不是說政府應該主導商業，這樣做是錯的。

　　然而，政府可以定義商業環境。新科技已經在起跑點上，準備好開啟全新的工業革命。這些新科技大多已具競爭力，補助並非必要，需要的反而是推進改變的架構。未來學家東尼‧塞巴（Tony Seba）在令人印象深刻的每次演講中，都指出藉由創新增進繁榮同時維護環境的潛力有多麼大。[2] 在一次演講中，塞巴展示 2 張紐約第五大道的照片。針對第 1 張照片，塞巴問諸位是否看見汽車，它身處數百隻馬匹之中。針對第 2 張照片，塞巴問諸位是否看見馬匹，牠身處無數車輛之中。2 張照片日期相差不到 10 年。塞巴表示許多創新不僅給予消費者更多利益，也比現有科技便宜許多。只有不了解科技進展如何發揮效用的人，才會對此感到驚訝。

　　同樣做法也適用於當代其他重要議題，比如對抗氣候變遷。一旦疫情受到控制、直接的經濟後果獲得解決，對抗氣候變遷就會回到政治議程。只要我們樂觀以待，各國在這個議題上就會更加願意合作而非各自為政。再次強調，拯救環境的解方會在進步的科技中尋得，有相當多現有新科技對減少二氧化碳排放甚有助益。這就是為何對於減排二氧化碳的確切方法，政治務必要拒絕下指導棋的傾向。沒有人知道哪個科技會迅速

2　Tony Selba, "Clean Disruption", Robin Hood Investors Conference 2019. 連結：ttps://youtu.be/6Ud-fPKnj3Q

普及，因此設定一個清楚的架構就已足夠。意思是說，為了減少碳排放，政府除了設定碳價，其他什麼都不要做。再者，政府應該將資金投入研究及創新。

一如二戰後的重建，對抗氣候變遷能夠促進新科技的傳播，並且刺激經濟成長。可以想見屆時生產力增幅也會提高，從而增加人均所得。

儘管去全球化的趨勢已無可避，上述情況仍舊會發生。從金融危機以來，我們就已見到全球化的衰退，全球貿易從未真正自這場衝擊中恢復。氣候保護的考慮及持續提高的碳價，增強了去全球化的趨勢。生產過程中的技術進步也是如此。新冠病毒衝擊顯示出全球供應鏈實際上是多麼脆弱，尤其是關鍵產品如藥物、醫療科技和防護衣。新冠病毒衝擊將進一步加速去全球化的趨勢，這對提早因應的國家來說機不可失。

另一方面，去全球化對新興國家的人民來說是個壞消息。在第 1 章裡，我們已經看到過去幾十年來貧窮率大幅降低。數百萬人民原本能夠脫離貧窮，生活水準也有所提高。這是全球化的直接後果，因為生產遷移到了新興市場，創造出就業機會。如中國等國家，可能已經達到無須同以往仰賴出口即能持續發展的程度。對其他許多國家來說，情況就不是如此。這不僅是人類的悲劇，更對政治穩定及和平造成巨大風險。西方世界因此必須想方設法彌補全球整合減少帶來的影響。除了已經討論過的債務取消，更是指各地區的產能調度，藉此創造出服務在地市場的獨立自主生產結構。

亞洲的崛起

另一方面,今日的情況與 1930 年代十分類似。那時舊世界的強權大不列顛被美國取代,今日我們至少也有一個強勁的對手中國。儘管中國正與高齡化社會、高債務水準纏鬥,人均國內生產毛額又低於美國或歐盟,但是中國擁有高教育水準和極高的工作意願支持。中國不再只是西方世界的工廠,而是蓄勢待發朝未來重要科技的領先地位前進。想一想 5G 網路的搭建就夠了,西方世界除了中國華為之外,根本沒什麼選擇。

儘管新冠肺炎危機起自中國,我們必須說截至目前為止,中國的危機處理比起西方各國好太多了。好比美國來說,在對抗全球大流行疾病上,總歸一句,西方世界根本是在自曝其短。與中國相鄰的台灣、越南、香港及新加坡都展現出更佳的應對能力。從肺炎成為全球大流行之初,這幾個地方早就採取一貫作為努力降低感染率。即便鄰近中國,台、越、港、星的感染人數占總人口比明顯低於歐盟。就算是因為集體婚禮而特別受新冠病毒影響的韓國,也證明了防疫得宜,死亡率顯著低於其他國家。不過,他們的措施長期下來是否成功,只能留待時間考驗。像新加坡一開始政策奏效,不過 4 月時新一波感染到來之後,不得不採取如關閉商店這樣更激進的措施。

亞洲國家的初期成功絕非偶然，各國在經歷嚴重急性呼吸道症候群（SARS）之後已經有些心得。那麼，哪種政治體系比較好的問題立刻浮現。西方世界看來不太妙，我們必須證明開放的社會有能力彌補監控和強制措施帶來的不利，這樣才能與威權國家在對抗全球大流行上一較長短。

挑戰為何已經非常清楚，西方世界一定要攜手克服危機，無論在細節上有多困難。在此情況下，我還是建議拉義大利一把，儘管這個國家有雄厚的私人財富。原因在於替代選項造成的分歧足以摧毀歐盟和歐元。中國對於促進這樣的分歧早已磨刀霍霍，打算利用這次的歐盟危機購併公司及港口等其他重要資產。危機就在眼前，一定要避免這樣的危險。這並不是出於保護主義，而是為了確保歐盟的團結。

聖誕節之前，一切會結束嗎？

有幸的是新冠病毒大流行不若戰爭惡劣，基礎建設沒有受到破壞，傷亡人數可能會低出許多。但就和戰爭一樣，「聖誕節前會結束」可能是錯誤期待。從先前的疫情大流行，如1918年的西班牙流感，我們知道疫情會有數波發展。第2波及第3波疫情較之第1波，會取走更多受害者的性命。有幸的話，我們能夠免受此難。這要歸功於到位的激烈措施以及醫藥疫苗的迅速開發，也端視執政者能否做出正確決定，包括體認到這些經濟損失從何時起不再是合情合理。

　我們務必要做好準備，病毒實際上會停留得更久。不過這並不會改變一個事實，那就是我們正步入一個經濟及社會的新階段。「危機即是轉機」。就算這句話已經是陳腔濫調，也依然相當真實。這是給每一個人的新冠經濟學。

國家圖書館出版品預行編目資料

後疫情時代的新經濟:全面解讀新冠病毒衝擊下的全球經濟脈動與因
應策略 / 丹尼爾‧施德特（Daniel Stelter）著 ; 陳雅馨, 葉咨佑 譯.
-- 初版. -- 臺北市 : 商周, 城邦文化出版 : 家庭傳媒城邦分公司
發行, 民109.10
　　面 ：　公分. --
　譯自：Coronomics : after the corona shock - a fresh start from the crisis.
　ISBN 978-986-477-912-3 （平裝）
　1. 國際經濟　2.經濟發展
　552.15　　　　　　　　　　　　　　　　　　　109012485

後疫情時代的新經濟：
全面解讀新冠病毒衝擊下的全球經濟脈動與因應策略

原　著　書　名／ Coronomics：After the corona shock - a fresh start from the crisis
作　　　者／丹尼爾‧施德特（Daniel Stelter）
譯　　　者／陳雅馨、葉咨佑
企　劃　選　書／林宏濤
責　任　編　輯／劉俊甫

版　　　權／黃淑敏、劉鎔慈
行　銷　業　務／周佑潔、周丹蘋、黃崇華
總　編　輯／楊如玉
總　經　理／彭之琬
事業群總經理／黃淑貞
發　行　人／何飛鵬
法　律　顧　問／元禾法律事務所　王子文律師
出　　版／商周出版
　　　　　城邦文化事業股份有限公司
　　　　　臺北市中山區民生東路二段141號9樓
　　　　　電話：(02) 2500-7008 傳眞：(02) 2500-7759
　　　　　E-mail：bwp.service@cite.com.tw
　　　　　Blog：http://bwp25007008.pixnet.net/blog
發　　行／英屬蓋曼群島商家庭傳媒股份有限公司城邦分公司
　　　　　臺北市中山區民生東路二段141號2樓
　　　　　書虫客服服務專線：(02) 2500-7718‧(02) 2500-7719
　　　　　24小時傳眞服務：(02) 2500-1990‧(02) 2500-1991
　　　　　服務時間：週一至週五09:30-12:00‧13:30-17:00
　　　　　郵撥帳號：19863813　戶名：書虫股份有限公司
　　　　　讀者服務信箱E-mail：service@readingclub.com.tw
　　　　　歡迎光臨城邦讀書花園 網址：www.cite.com.tw
香港發行所／城邦（香港）出版集團有限公司
　　　　　香港灣仔駱克道193號東超商業中心1樓
　　　　　電話：(852) 2508-6231　傳眞：(852) 2578-9337
　　　　　E-mail：hkcite@biznetvigator.com
馬新發行所／城邦(馬新)出版集團 Cité (M) Sdn. Bhd.
　　　　　41, Jalan Radin Anum, Bandar Baru Sri Petaling,
　　　　　57000 Kuala Lumpur, Malaysia
　　　　　電話：(603) 9057-8822　傳眞：(603) 9057-6622
　　　　　Email：cite@cite.com.my

封　面　設　計／兒日
排　　版／新鑫電腦排版工作室
印　　刷／高典印刷有限公司
經　銷　商／聯合發行股份有限公司
　　　　　電話：(02) 2917-8022　傳眞：(02) 2911-0053
　　　　　地址：新北市231新店區寶橋路235巷6弄6號2樓

■2020年（民109）10月29日初版　　　　　　Printed in Taiwan
定價 360 元　　　　　　　　　　　　　　城邦讀書花園
　　　　　　　　　　　　　　　　　　　www.cite.com.tw

Original Title: Coronomics. After the corona shock - a fresh start from the crisis
Original Publisher: Campus Verlag GmbH
Chinese translation copyright © 2020 by Business Weekly Publications, a division of Cité Publishing Ltd.
All rights reserved.

廣　告　回　函
北區郵政管理登記證
台北廣字第000791號
郵資已付，免貼郵票

104台北市民生東路二段141號2樓

英屬蓋曼群島商家庭傳媒股份有限公司　城邦分公司

- -

請沿虛線對摺，謝謝！

書號：BK5170　　書名：後疫情時代的新經濟　　編碼：

讀者回函卡

感謝您購買我們出版的書籍！請費心填寫此回函卡，我們將不定期寄上城邦集團最新的出版訊息。

不定期好禮相贈
立即加入：商周
Facebook 粉絲

姓名：＿＿＿＿＿＿＿＿＿＿＿＿＿＿＿＿＿＿ 性別：□男　□女

生日：西元＿＿＿＿＿＿＿年＿＿＿＿＿＿月＿＿＿＿＿＿日

地址：＿＿＿＿＿＿＿＿＿＿＿＿＿＿＿＿＿＿＿＿＿＿＿＿＿

聯絡電話：＿＿＿＿＿＿＿＿＿＿　傳真：＿＿＿＿＿＿＿＿＿

E-mail ：

學歷：□ 1. 小學 □ 2. 國中 □ 3. 高中 □ 4. 大學 □ 5. 研究所以上

職業：□ 1. 學生 □ 2. 軍公教 □ 3. 服務 □ 4. 金融 □ 5. 製造 □ 6. 資訊

　　　□ 7. 傳播 □ 8. 自由業 □ 9. 農漁牧 □ 10. 家管 □ 11. 退休

　　　□ 12. 其他＿＿＿＿＿＿＿＿＿＿＿＿＿＿＿＿＿＿＿＿＿

您從何種方式得知本書消息？

　　　□ 1. 書店 □ 2. 網路 □ 3. 報紙 □ 4. 雜誌 □ 5. 廣播 □ 6. 電視

　　　□ 7. 親友推薦 □ 8. 其他＿＿＿＿＿＿＿＿＿＿＿＿＿＿

您通常以何種方式購書？

　　　□ 1. 書店 □ 2. 網路 □ 3. 傳真訂購 □ 4. 郵局劃撥 □ 5. 其他＿＿＿

您喜歡閱讀那些類別的書籍？

　　　□ 1. 財經商業 □ 2. 自然科學 □ 3. 歷史 □ 4. 法律 □ 5. 文學

　　　□ 6. 休閒旅遊 □ 7. 小說 □ 8. 人物傳記 □ 9. 生活、勵志 □ 10. 其他

對我們的建議：＿＿＿＿＿＿＿＿＿＿＿＿＿＿＿＿＿＿＿＿＿

＿＿＿＿＿＿＿＿＿＿＿＿＿＿＿＿＿＿＿＿＿＿＿＿＿＿＿＿

＿＿＿＿＿＿＿＿＿＿＿＿＿＿＿＿＿＿＿＿＿＿＿＿＿＿＿＿